Enomiya-Lassalle · Meditation

H. M. Enomiy

Oberursel 12. Januar 1976.

Hugo M. Enomiya-Lassalle

Meditation als Weg zur Gotteserfahrung

Eine Anleitung zum mystischen Gebet

Verlag J. P. Bachem in Köln

1972

Gesamtherstellung J. P. Bachem KG in Köln

Einbandentwurf Herbert Meyer

Printed in Germany

ISBN 3 7616 0172 7

Inhalt

Vorwort

Das Verlangen nach Meditation ist im Westen wohl niemals so groß gewesen wie in der Gegenwart. Freilich meint man nicht immer das, was man bisher im christlichen Bereich unter Meditation oder Betrachtung verstanden hat. Die Gründe für dieses Verlangen sind zu einem nicht geringen Teil psychologischer Art: Der Mensch sucht Schutz in der Gefahr, der Hektik des technisierten Lebens zu erliegen, oder, falls er dieser schon erlegen ist, ein Mittel, seelisch wieder gesund zu werden. Aber es gibt auch Gründe, die unmittelbar dem religiösen Bereich angehören. Wenn wir nach der Religiosität des modernen Menschen fragen, so fallen uns zwei Dinge auf, die auf den ersten Blick einander zu widersprechen scheinen: Während der traditionelle Glaube immer mehr schwindet, kann man auf einer tieferen Ebene ein großes Verlangen nach Gott beobachten, und das oft gerade bei Menschen, die, obwohl ursprünglich oder ihrer Herkunft nach christlich, den inneren Kontakt mit jeder Kirche verloren haben. Manchmal sind sich diese Menschen dabei gar nicht bewußt, worum es sich bei ihrem innersten Suchen letztlich handelt. Was ihnen an Gottesdienst, Predigt und Lesung geboten wird, spricht sie nicht an. Es kommt ihnen oft wie ein bloß äußeres Getue vor, es erscheint ihnen sogar als Pharisäertum. Eher noch fühlen sie sich von nicht-christlichen Religionen und besonders von deren Meditationsweisen angezogen. Aber es gibt auch Menschen, die zwar nicht mit ihrem traditionellen Glauben oder ihren Kirchen gebrochen haben, sich jedoch darin unsicher fühlen oder doch von dem religiösen Gebaren weitgehend unbefriedigt bleiben. Sie sehen, wie alles ins Wanken zu kommen scheint und vieles, was in der Vergangenheit als unzweifelhaft richtig galt, nun ernstlich angezweifelt oder sogar als sicher falsch abgelehnt wird. Das gilt aber nicht nur von Menschen, die einen anderen oder keinen Glauben haben, wie das früher schon vorkam, sondern auch von solchen, die in den eigenen Reihen führend sein sollten. Man spricht von neuen Auslegungen der Heiligen Schrift, von neuen Interpretationen der Glaubensgeheimnisse, wie der Menschwerdung, der Auferstehung Christi und seiner Wiederkunft am Ende der Zeiten; selbst das Urgeheimnis Gottes in seiner Dreieinigkeit wird in Frage gestellt. Kurzum, alles scheint in den Fundamenten erschüttert zu sein. Das Paradoxe ist nun, daß das Nachdenken über diese Fragen, anstatt die ersehnte Sicherheit und Ruhe zu bringen, die Zweifel eher noch verstärkt. Aber diese Menschen möchten doch um jeden Preis ihren christlichen Glauben bewahren und dazu ihr religiöses Leben, insbesondere auch ihr Gebet vertiefen. So fühlen viele Menschen ein großes Verlangen nach der Meditation, ohne sich vielleicht von den inneren Zusammenhängen klar Rechenschaft geben zu können.

Es ist wohl kein Zweifel, daß nur die Glaubenserfahrung, genauer gesagt, die Gotteserfahrung diese Menschen zum Ziel führen kann. Die Gotteserfahrung dürfte das allerwesentlichste Anliegen des modernen Menschen auf religiösem Gebiet sein. Nun ist es zwar wahr, daß ein solches Erlebnis, daß man treffend ‚Begegnung mit Gott‘ genannt hat, in jedem Augenblick möglich ist. Es kann ganz plötzlich und unerwartet einbrechen, wie es manche erfahren haben. Aber das sind doch Ausnahmen, mit denen man nicht rechnen kann, wenn einem ernstlich darum zu tun ist, seinen Glauben zu bewahren und zu vertiefen. Der Mensch muß sich selbst darum bemühen, wenn und soweit das von seiner Seite her möglich ist, und sollte es nicht dem ‚Zufall‘ überlassen, ob ihn dieser Strahl trifft. Es wäre ja auch nicht Zufall, sondern Gnade.

Ein solches Bemühen ist tatsächlich möglich und auf dem Wege der Meditation sogar aussichtsreich. Dazu Anregungen und Winke zu geben, ist der Zweck der folgenden Erklärungen. Wir möchten ganz konkret von der christlichen Meditation als Weg zur Gotteserfahrung sprechen. Es geht uns also nicht um Meditation als Therapie, obwohl die Meditation auch als Heilmittel für den Menschen unserer Zeit von größter Wichtigkeit ist. Es geht uns auch nicht um Polemik auf dem Gebiete der

Meditation, ob es etwa für Christen ratsam sei, nichtchristliche Meditationsweisen zu benutzen. Wohl werden wir uns nicht scheuen, von anderen Religionen zu lernen, was wir dort lernen können. „Prüfet alles, das Gute behaltet", hat schon Paulus gesagt. Wir wollen auch nicht Beweise dafür erbringen, daß ein Mensch, der seinen christlichen Glauben verloren hat, ihn durch die Übung östlicher Meditation wiederfinden kann, obwohl solche Fälle gar nicht selten sind.

Vielmehr wenden wir uns an Menschen, die seelisch gesund sind und ihren christlichen Glauben bewahrt haben, die einen Weg der Meditation finden wollen, der für sie sowohl als Christen wie als Menschen unserer Zeit mit allen ihren Hemmungen, Bedrängnissen und Sorgen möglichst geeignet ist. Dabei ist auch die Zeit zu berücksichtigen, in der der Mensch lebt, da er sich beständig weiterentwickelt und gerade jetzt an einem entscheidenden Punkt seiner Entwicklung angekommen ist. Daß der Mensch Gott auch im Mitmenschen finden kann und soll, was heute besonders betont wird, soll damit nicht mehr in Frage gestellt werden. Aber uns geht es um die unmittelbare Begegnung mit Gott, die nicht in Gedanken und Worten besteht, sondern überrational ist.

Der traditionelle christliche Weg von der gegenständlichen Betrachtung zur übergegenständlichen Meditation

Wenn wir nun versuchen, den Weg aufzuzeigen, wie man zu einer Meditation kommt, die zur Gotteserfahrung führen kann, stoßen wir gleich auf ein unerwartetes Phänomen: Es gibt Menschen, die sozusagen als Mystiker geboren werden. Nicht, daß sie als vollkommene Menschen, als Heilige in diese Welt eintreten; das wäre nur möglich, wenn Gott selbst Mensch wird, wenn (nach der bisherigen Redeweise in der Theologie) eine Personalunion von Gott und Mensch vorliegt. Tatsache ist, daß manche Menschen, sobald sie zum Gebrauch der Vernunft gelangt und irgendwie religiös erwacht sind, nach Art der Mystiker beten und meditieren. Sobald sie sich zum Beten anschicken, kehrt sich bei ihnen alles nach innen und verbindet sich zu einer Einheit, die ihnen das diskursive Denken unmöglich macht. Sie sind methodisch schon dort, wohin wir den nicht so veranlagten gewöhnlichen Menschen führen möchten bzw. wohin er sich erst mühsam durchringen muß. Für den mystisch Begabten wäre es Zeitverlust, wollte er versuchen, die Entwicklung zu vollziehen, von der wir sprechen möchten. Er würde es auch gar nicht können; der Versuch wäre für ihn schmerzlich und für sein religiöses Streben hinderlich, wie das aus der Erfahrung derer feststeht, die es mangels einer geeigneten Führung doch versucht haben. Wir wenden uns also zunächst nicht an die in dieser Weise außergewöhnlich veranlagten Menschen. Es geht uns hier um Menschen, die es mit ihrem religiösen Leben ernst nehmen und vollkommene Menschen werden möchten, die nach christlicher Vollkommenheit streben und zu diesem Zweck auch die Meditation benützen möchten. Um vollkommen zu werden, genügt die Meditation nicht. Um es gleich hier und ein für allemal zu sagen: Wenn der Mensch nicht beständig bemüht ist, ein sündenreines Leben zu führen und seine ungeordneten Triebe zu beherrschen, wird ihn keine Meditationsmethode wirklich voranbringen. Er mag manche scheinbaren Erfolge haben, aber er wird schließlich durch eigene Erfahrung zu der Einsicht kommen, daß er auf dem falschen Weg ist - wenn ihm nicht noch Schlimmeres widerfährt, wie dem Menschen, der sein Haus auf Sand gebaut hatte: „Da stürzte der Platzregen herab, die Wasserfluten kamen, die Winde bliesen und fielen über jenes Haus her. Da stürzte es ein, und sein Sturz war groß."

Wir beschränken uns hier auf die Meditation. Wir werden freilich dabei feststellen, daß die Meditation ihrerseits ein einzigartiges Mittel zur sittlichen Vollendung werden kann. Übrigens muß der Mensch, dem eine Leichtigkeit im Gebet sozusagen als Geschenk in die Wiege gelegt worden ist, immer darauf bedacht sein, diesem Geschenk durch das Streben nach sittlicher Vollendung zu entsprechen. Sollte er das vernachlässigen, so könnte es auch ihm ergehen wie dem Mann, der sein Haus auf Sand gebaut hat. Für die Begabten besteht noch eine besondere Gefahr. Solche Menschen wissen zunächst gar nicht, daß ihnen etwas Besonderes gegeben ist. Sie meinen zunächst, daß das bei anderen Menschen ebenso sei, bis sie einmal mit solchen über das Gebet sprechen und nun feststellen, daß sie eine besondere Gnade bekommen haben. Oder sie lesen in den Schriften der Mystiker und finden dort ihre eigene Gebetsweise beschrieben und als besondere Gnade bezeichnet. Von da an sprechen sie meist nicht mehr von ihrer Fähigkeit, sondern bewahren sie als ein Geheimnis. Wohl suchen sie nun einen Führer, der sie auf ihrem Wege leiten kann, aber wer kann sie schon führen? Sie kommen dann oft in große Bedrängnis, weil sie sich nicht verstanden fühlen und man sie von ihrem Weg abbringen will, der ihnen doch gegeben wurde, ohne daß ihnen eine Wahl gelassen wurde.

Die meisten Menschen besitzen also nicht von vornherein eine besondere Gebetsgnade. Wenn sie trotzdem in jener besonderen Weise zu beten versuchen, etwa weil sie gehört haben, daß diese Art die vollkommenere Gebetsweise ist, so kommen sie bald in Schwierigkeiten, verzweifeln vielleicht und geben jeden weiteren Versuch auf. Im christlichen Bereich beginnt man mit einer Meditationsweise, die, bewußt und gewollt, vornehmlich mit der Vernunft und der Vorstellung arbeitet. Man erinnert sich z. B. an ein Wort oder eine Begebenheit aus dem Evangelium und denkt darüber nach. Man kann sich auch den Hergang der Sache in der Phantasie vorstellen. Man fragt sich etwa, was der tiefere Sinn dieses Wortes ist? Warum wurde es gesprochen? Zu wem? Dabei gewinnt man tiefere Einsichten in die berichteten Worte und Begebenheiten, die einem für das sittliche und religiöse Leben von großem Nutzen sein können. Eine solche Art der Meditation liegt dem Christen besonders nahe, da das Evangelium für ihn der wahre Weg des Menschen ist. Denn Christ sein heißt, sein Leben nach der Lehre und dem Beispiel Christi zu gestalten. Doch ist das nicht die einzige Art und Weise, in der man mit Vernunft und Willen in der Meditation arbeiten kann. Man kann sich z. B. die Gegenwart Gottes im eigenen Herzen vorstellen und ihrer immer mehr innezuwerden suchen. Auch dabei ist man aktiv in seinem Denken. Man tut es bewußt und gewollt. Oder man stößt beim Lesen des Evangeliums auf ein Wort, das einen besonders anspricht. Es scheint dem Menschen ganz persönlich etwas zu sagen, und er läßt es nun einfach auf sich wirken, in sich einsinken. Im Anschluß daran werden ihm manche Dinge klarer. Es wird ihm manches aufgehen, sei es in dem, was er tun sollte, oder in dem, was er nicht mehr tun sollte. So kommt es wie von selbst zu Entschlüssen, und er wird sich zu Gott wenden, ihn um Erleuchtung und Kraft bitten. Man hat diese Art der Betrachtung gegenständlich genannt, weil sie einen Gegenstand oder ein Objekt hat, über das man nachdenkt oder das man bewußt und gewollt anstrebt. Das eigene Ich ist hier richtunggebend. Es ist aktiv und nicht nur passiv.

Es gibt im christlichen Bereich viele Betrachtungsweisen dieser Art und eine reiche Literatur dazu. Da nicht jeder Christ eine ausgedehnte Kenntnis der Heiligen Schrift besitzt, gibt man in den Betrachtungsbüchern Erklärungen und Anregungen, die die Betrachtung über Bibeltexte erleichtern. Wichtig ist bei dieser Art der Betrachtung, daß sie vorbereitet wird. Man soll schon am Abend vorher überlegen, worüber man am nächsten Morgen betrachten will, indem man den Text aufmerksam liest und sich sozusagen für die Betrachtung einstimmt. Dadurch wird es leichter, am anderen Morgen störende Gedanken und Sorgen fernzuhalten, die sich sonst vielleicht gleich beim Erwachen aufdrängen und Störungsherde in der Meditation werden können.

Es ist sicher heilsam, und es ist jedem, der ganz Christ sein möchte, zu empfehlen, diese Art der Betrachtung anzustellen - womöglich täglich. Wer es tut, wird ihre segensreiche Wirkung an sich erfahren. Das ist ohne weiteres einsichtig und durch jahrhundertelange Erfahrung immer wieder bestätigt. Es liegt - oder lag wenigstens bisher - für den westlichen Menschen nahe, sich zunächst an diese Form der Betrachtung zu halten. Diese Betrachtungsweise, zu der Ignatius von Loyola in seinen Exerzitien ausführliche Anweisungen gibt, ist nicht nur in seinem Orden, sondern weit über dessen Grenzen hinaus in allen christlichen Ländern und selbst in den nichtchristlichen, so weit dort Christen leben, Jahrhunderte hindurch - man darf wohl sagen - vorherrschend gewesen und bis in die Gegenwart noch viel in Übung. Leider ist man aber, um es gelinde auszudrücken, bei dieser sogenannten ‚Ignatianischen Methode‘ allzuoft nur an der Oberfläche geblieben, und gerade deswegen wird diese Methode in der Gegenwart, an der Schwelle eines neuen Menschheitsalters, vielfach abgelehnt. Ignatius war Mystiker, und die Oberflächlichkeit, mit der man nur zu oft seine freilich in lapidarer Kürze gehaltenen Anweisungen für die Meditation übernommen hat, steht in krassem Gegensatz zu der mystischen Tiefe des Heiligen, die auch in den Exerzitien verborgen enthalten ist. (Näheres dazu in H. M. Enomiya, ‚Zen-Buddhismus‘, Köln 1966, S. 318-329.)

Wer diese oder eine andere Art der gegenständlichen Betrachtung pflegt, wird dabei neue Erkenntnisse erlangen oder einen tiefen Trost empfinden, er wird ein Wachsen von Glaube, Hoffnung und Liebe erleben. Aber das ist nicht immer so. Bisweilen wird er fast während der

ganzen Zeit der Meditation durch störende Gedanken abgelenkt. Oder er fühlt eine große Trockenheit, und die Zeit wird ihm so lang, daß er versucht ist, die Meditation abzubrechen, bevor die dafür angesetzte Zeit verstrichen ist. Diese Erfahrung hat selbst Theresia von Avila viele Jahre hindurch gemacht. Es wird sogar erzählt, sie habe die neben ihr stehende Sanduhr ergriffen und kräftig geschüttelt, damit die Zeit schneller vorüberging.
Trotzdem dürfte diese Art der Meditation für die meisten Menschen, die für sie empfänglich sind oder sich von ihr angezogen fühlen und sie regelmäßig üben, eine Zeitlang eine beständige Bereicherung bedeuten. Aber es dürfte doch nur wenige Menschen geben, bei denen das immer so bleibt. Die meisten werden nach einiger Zeit die Erfahrung machen, daß die bisher durch die Meditation gegebenen Anregungen trotz allem ernsten Bemühen abnehmen und schließlich ganz ausbleiben. Oft kommt hinzu, daß man infolge eines sehr aktiven Lebens eine gewisse Müdigkeit aufstapelt, die dann in der Stille der Betrachtungsstunde zum Ausbruch kommt. Man fragt sich dann unwillkürlich: Hat es da noch Sinn, die kostbare Zeit so zu vergeuden, die man vielleicht im Dienste des Nächsten viel besser verwerten könnte? Einer solchen Versuchung nachzugeben, wäre sicher eine Fehllösung. Ebenso falsch wäre es, den Schluß zu ziehen, daß der eigene Weg von Anfang an verfehlt gewesen sei. Denn es bleibt doch wahr, daß die mit Verstand, Wille und Vorstellung bewußt und gewollt vollzogene Betrachtung lange Zeit eine hochwertige geistige Nahrung war. Viele Dinge sind ihm dabei klar geworden, und viele Anregungen wurden gegeben, für die der Mensch immer dankbar sein wird.
Ein tieferes Eindringen in die Heilige Schrift, besonders in die Evangelien, ist auch, abgesehen von der Frage der Meditation, nicht nur erwünscht, sondern für ein Christsein im Vollsinn notwendig, und sollte, falls es nicht auf dem Wege der Meditation geschieht, auf anderem Wege in Lesung und Studium geschehen bzw. fortgesetzt werden.
Aber ein solches Lesen und Studieren könnte nicht als

Ersatz der Meditation gelten. Wir müssen uns hier über einen Punkt klar werden: Wo hört die Lesung auf, und wo fängt die Meditation an? Darauf wird man sofort antworten: Da geht eins ins andere über und läßt sich nicht klar trennen. Gewiß kann man beides miteinander verbinden, indem man bei Lesen innehält und eine Zeitlang über das Gelesene nachdenkt, meditiert. Wenn man, um den erwähnten Schwierigkeiten auszuweichen, seine gewohnte Meditationsstunde in der besagten Weise durch Lesen und Pausen und Nachdenken und, je nachdem man sich angeregt fühlt, auch durch Beten im Zwiegespräch mit Gott ausfüllt, so tut man etwas, das sicher gut und heilsam ist. Aber es besteht die Gefahr, daß man sich den Weg zu einer tieferen Meditation verbaut. Es kommt eine Zeit, wo man sagen kann: Wenn man zuviel liest, so zerwalzt man das Gute, das in einem selbst ist. Wir werden das im Laufe unserer Erklärungen noch besser verstehen.

Die Meditation darf nicht an der Oberfläche bleiben, sondern muß in die Tiefe gehen. Das gilt nicht nur von dem Objekt, sondern auch von dem meditierenden Subjekt. Das Objekt muß in seinem Wesen erfaßt werden, und der Meditierende muß den Gegenstand nicht nur mit dem Verstand erfassen, sondern ihn sich im Seelengrunde ganz zu eigen machen. Das aber ist durch Überlegungen allein nicht nur nicht möglich, sondern wird durch zuviele Überlegungen geradezu verhindert.

Es gibt Stufen des Gebetes, die auch für die christliche Meditation Geltung haben. Sie sind nicht willkürlich erfundene Stufen, sondern sie entsprechen „dem inneren Zustand des Betenden und seinem fortschreitenden geistigen Wachstum“ (Selavry, Herzensgebet, Ulm 1964, S. 25). „Solche Stufen sind das gelesene Wortgebet, das aufmerksame Gebet, das verständig herzhafte Gebet und schließlich das selbsttätige, schauende, rein geistige Gebet, welches in Ekstase hinausführt über unser Bewußtsein“ - (Selavry a. .a. O. S. 31). Etwas ausführlicher ausgedrückt: 1. das Gebet, das nur mit dem Munde verrichtet wird, 2. das Gebet, das mit dem Verstande erfaßt und von Anfang bis Ende bewußt verrichtet wird - das geschieht schon unter Mitwirkung der Gnade, 4. das Gebet, das vom Herzen vollzogen wird und immerwährend ist und schließlich in der Ekstase zur höchsten Höhe führt. Diese Stufen lassen sich nicht umkehren, weil sie in der menschlichen Natur begründet sind. Die vierte Stufe hängt eng mit dem in der Ostkirche seit mehr als tausend Jahren geübten Jesusgebet zusammen. Wie man an diesen Stufen sieht, geht das Gebet in seinem Fortschritt von außen nach innen und gleichzeitig vom aktiven zum passiven Verhalten. Während anfangs der Mensch fast allein tätig ist, verhält er sich am Ende fast oder gänzlich passiv. Nur so wird das immerwährende Gebet möglich, wie es auf der höchsten Stufe des Jesusgebetes vollzogen wird.

Aus dem Gesagten dürfte klar hervorgehen, daß die allmählich auftretenden Schwierigkeiten für den wahren Fortschritt im Gebet kein Hindernis, sondern Notwendigkeit sind, und daß es falsch wäre, wollte man diese Schwierigkeiten zu umgehen versuchen, indem man sich während der Meditation mehr mit Lektüre beschäftigt. Die geistlichen Lehrer sagen auch oft, daß jener Trost, der anfänglich in der Betrachtung empfunden wird, gar nicht das Ergebnis eigener Anstrengung sei, sondern ein freies Gnadengeschenk, das Gott dem Menschen spende, damit er in seinem Bemühen in Gebet und Betrachtung bestärkt werde. Und wenn das nach einiger Zeit nicht mehr geschehe, so weil der Mensch sonst meinen könnte, der Trost sei seinem eigenen Bemühen zu verdanken, und er so vielleicht dem Hochmut verfalle, der das größte Hindernis auf dem Wege zu Gott ist. Diese Erklärung ist wohl doch zum mindesten etwas einseitig. Denn auch von der Psychologie her könnte man manches zur Erklärung anführen. Jedenfalls tritt früher oder später ein Zustand ein, in dem die genannten Erwägungen, so schön und heilig sie auch sein mögen, sozusagen nicht mehr ankommen.

Es wäre aber auch falsch, aus dem Gesagten den Schluß zu ziehen, man solle die besagte Trockenheit herbeiwünschen. Ein solcher Wunsch könnte aus dem Motiv eines verborgenen Stolzes hervorgehen, nämlich die Befriedigung zu haben, doch schon viel weiter fortgeschritten zu sein als die ‚Anfänger'. Es ist zwar möglich, und es kommt auch vor, daß einen Anfänger oder sogar einen, der noch niemals an Meditation gedacht hat vielleicht nicht einmal ein sittenreines Leben führt, ein mystischer Strahl von oben trifft und blitzartig erleuchtet. Denn Gott ist nicht an Kategorien und Stufen gebunden. Aber wir Menschen müssen mit Stufen rechnen. Zudem muß der Betreffende oder Betroffene nun das Fehlende aufarbeiten, wenn ihm der Gnadenstrahl wirklich zum Heile sein soll. So tat es Saulus, nachdem ihn der Strahl vor Damaskus getroffen hatte. Er ging in die Stadt, ließ sich taufen und begann Christus zu predigen. Aber als er durch seine Gegner gezwungen wurde, die Stadt zu verlassen, zog er sich zwei Jahre in die Arabische Wüste zurück und wurde der heilige Paulus. Johannes vom Kreuz sagt, solange der Mensch noch in solchen Erwägungen Trost finde, wie man sie anfänglich in der Betrachtung anstellt, sei das ein Zeichen dafür, daß Gott einem auf diesem Wege Gnade geben wolle, und man solle sie daher nicht voreilig einstellen.

Es sind also zwei Extreme zu vermeiden. Man darf nicht meinen, man müsse immer bei der oben beschriebenen Betrachtungsweise bleiben, und man darf sie nicht zu früh aufgeben. Aber zwischen beiden Extremen liegt ein weites Gebiet des Übergangs. Davon soll zunächst die Rede sein, weil es für das Verständnis und noch mehr für die Übung der christlichen Betrachtung von großer Wichtigkeit ist. Es wurde in der christlichen Lehre vom geistlichen Leben schon immer betont, daß man in der Meditation nicht bei überwiegender Verstandestätigkeit stehenbleiben darf. Wir haben schon christliche Meditationsweisen erwähnt, die von Anfang an kaum solche Erwägungen anstellen, sondern sich z. B. bemühen, nur an Gottes Gegenwart im eigenen Herzen zu denken. Dabei muß man die Verstandestätigkeit mehr und mehr zurücktreten lassen und mehr mit dem Willen arbeiten: Man muß zu einem Dialog mit Gott übergehen, sobald das, ohne gekünstelt zu sein, möglich ist. Es ist wie bei einem Feuer: Wenn es angezündet ist und einige Zeit gebrannt hat und kein Rauch mehr aufsteigt, soll man es einstweilen glühen lassen und kein frisches Holz auflegen. Mit dem frischen Holz sind die verstandesmäßigen Erwägungen über den Betrachtungsstoff gemeint, die notwendig waren, um in den Stoff einzudringen. Das Glühen des brennenden Holzes versinnbildet das liebende Aufmerken der Seele auf Gott, das dann die Form eines Zwiegespräches annehmen kann. Es kann dann geschehen, daß man in eine große Tiefe der Seele eindringt, wo man sich möglichst still verhalten soll. Aber das wird zunächst nur selten und für Augenblicke so sein. Diese Art der Betrachtung wird zum Unterschied von der vorwiegend mit dem Verstand vollzogenen affektiv genannt. Damit geht die Betrachtung zum Gebet im eigentlichen Sinne über und wird manchmal ausschließlich Dialog mit Gott sein.

Die Betrachtung ist also bedeutend einfacher geworden, indem die Verstandestätigkeit weitgehend zurückgetreten ist. Aber im Dialog ist die Willenstätigkeit, die hier die Form von Anmutungen oder Affekten hat, noch vielfältig oder differenziert. Nun sollte nach der Lehre der christlichen Seelenführer eine weitere Vereinfachung stattfinden, indem die Bestätigung des Willens zu einem einzigen, längere Zeit andauernden Affekt wird, sozusagen zu einem Blick auf Gott oder zu einem Stillesein vor Gott, wobei man sich nicht frustriert oder gelangweilt vorkommt, sondern das Gefühl eines Angekommenseins oder Erfülltseins hat. Für diese Art der Meditation sind im christlichen Bereich die Ausdrücke ‚Gebet der Sammlung' und ‚Gebet der Ruhe' bekannt. Im übrigen gelten diese Meditationsweisen als unmittelbare Vorstufen des mystischen Gebetes und als Wirkungen einer besonderen Gnade. Im allgemeinen gelten sie daher als ein Zeichen dafür, daß jemand von Gott zum mystischen Gebet berufen ist und es auch erlangen wird, wenn er sich in seinem eigenen religiösen Leben entsprechend verhält. Es scheint aber doch zweifelhaft, ob zu den genannten vormystischen Gebetsweisen unter allen Umständen eine mehr als gewöhnliche Gnade notwendig ist. Für den praktischen Zweck, den wir im Auge haben, ist diese Frage nicht von großer Wichtigkeit. Wichtig ist jedoch, den Unterschied deutlich zu machen, der zwischen der von uns als gegenständlich bezeichneten Betrachtung und dem als Gebet der Sammlung oder der Ruhe bezeichneten Zustand besteht. Gewiß ist der Übergang ein allmählicher, aber nachdem er vollzogen ist, sind doch Unterschiede unverkennbar.

Bei der ersten Art geht es immer um eine Meditation, die zunächst und vorwiegend folgende Eigenschaften hat: 1. Sie kann, von gewissen Ausnahmen abgesehen, von jedem vollzogen werden, der sie anstellen will, wenn auch der Erfolg nicht immer der gleiche ist. 2. Sie ist also in erster Linie aktiv und vom freien Willen des Menschen abhängig. 3. Sie geschieht durch die bewußte, differenzierte Betätigung der Seelenkräfte, Gedächtnis, Verstand und Wille und, je nach Bedarf, mit Hilfe der Phantasie. 4. Sie hat einen Gegenstand für den Verstand oder den Willen oder beide. 5. Sie bringt den Gegenstand von außen heran, sei es, daß er Sinnesobjekt ist oder ein Gedanke, z. B. ein Schriftwort. 6. Dementsprechend herrscht in ihrem Vollzug die Subjekt-Objekt-Spannung vor. Es kommt dabei also eine Art sinnlich-geistiger Tätigkeit zum Zuge, die dem Menschen als sinnlich-geistigem Wesen am nächsten liegt, die im täglichen Leben wie in jeder Wissenschaft zur Anwendung kommt. Vergleicht man damit die Art der Betätigung des menschlichen Geistes beim Gebet der Sammlung oder der Ruhe, so ergeben sich erhebliche Unterschiede: 1. Sie kann nicht ohne weiteres von jedem Menschen nach Wunsch vollzogen werden. 2. Sie ist in erster Linie passiv und nicht nur vom freien Willen des Menschen abhängig. 3. Sie geschieht nicht durch die differenzierte Betätigung der Seelenkräfte, sondern die Seelenkräfte sind dabei mehr oder weniger ‚gebunden‘ oder, besser gesagt, sie bilden eine Einheit. 4. Sie hat keinen Gegenstand im gleichen Sinne wie die erstere: es wird nicht über etwas nachgedacht oder eine Reflexion angestellt. 5. Es wird nicht von außen herangebracht. 6. Anstelle der Subjekt-Objekt-Spannung tritt mehr oder weniger eine Einheit oder Vereinigung mit dem ‚Objekt‘ d. h. mit dem, was

bei der ersten Art der Meditation als Gegenstand fungierte.
In beiden Arten ist letztlich Gott da. Das gehört wesentlich zur christlichen Meditation. Aber bei der ersten ist Gott als Gegenstand da, bei der zweiten als mit dem Subjekt vereint. Im höchsten Grade wird kein Unterschied zwischen Gott und dem menschlichen Geist mehr wahrgenommen, so in der ekstatischen Vereinigung. Was von der ersten Art gesagt wird, gilt übrigens zunächst auch von der Liturgie und vom privaten mündlichen Gebet.
Zusammenfassend kann man sagen, daß die erste Art gewissermaßen an der Oberfläche des Geistes stattfindet, die zweite dagegen im Seelengrund. Die Sinne und Seelenkräfte sind beim Gebet der Sammlung oder der Ruhe in ihren Ursprung zurückgekehrt und dort gewissermaßen aufgehoben, sie werden nicht mehr voneinander getrennt betätigt. Statt dessen öffnet sich eine Quelle, die von innen her fließt, unmittelbar von Gott, der im Grunde der Seele wohnt. Johannes Tauler hat diesen Gedanken wiederholt zum Ausdruck gebracht. Die erste Weise gleicht Zisternen, in die das Wasser von außen hineingebracht wird - durch Regen oder durch Menschenhand; die zweite gleicht dem Quellwasser, das unmittelbar aus dem Berge quillt. Das Wasser der Zisternen ist stehendes Wasser und wird mit der Zeit faul; das Quellwasser ist immer frisch. Wer einmal Quellwasser gekostet hat, verlangt nicht mehr nach Wasser aus der Zisterne. Es schmeckt ihm nicht mehr. Tauler macht es den „geistlichen Leuten“ zum Vorwurf, daß sie ihr geistiges Wasser, solange sie auch im geistlichen Beruf stehen, immer nur aus den Zisternen beziehen und nicht aus dem Grunde der Seele, wo die reine Quelle fließen sollte; deswegen werden diese geistlichen Leute niemals von ihren Fehlern wie Neid und Lieblosigkeit gründlich gereinigt, trotz aller mündlichen Gebete, auf die sie täglich viele Stunden verwenden; diese, so sagt Tauler, lassen ihnen keine Zeit, in ihren Grund einzugehen.
Wir sehen schon aus dieser Gegenüberstellung der beiden Meditationsweisen, daß die erste, die wir normalerweise,

der Veranlagung der menschlichen Natur entsprechend, im Anfang üben, nicht endgültig sein darf, wenn wir durch die Meditation wirklich umgewandelt werden sollen. Der Christ hat zwar durch Christi Verdienst und eigene, freigewollte Hinwendung zu Gott die Gnade erlangt und ist in Wahrheit ein Kind Gottes geworden. Aber zunächst auch nur ein Kind, das noch zum Mannesalter heranwachsen sollte, um ganz und gar das zu sein, was die Kindschaft Gottes bedeutet: ein anderer Christus. In diesem Wachstum spielt nun aber die Meditation eine ganz bedeutende Rolle. Aber sie kann ihre Zwecke nicht erfüllen, wenn sie immer im Gegenständlichen bleibt. Denn der Mensch muß im Grunde umgewandelt werden, und darum muß die gegenständliche Meditation früher oder später durch die übergegenständliche, die im Seelengrund vollzogen wird, abgelöst werden. In diesem Sinne spricht Tauler von der „Kehre", der Einkehr, die irgendeinmal geschehen muß, wenn der Mensch wirklich vollkommen werden soll. Daher ist es ganz in der Ordnung, liegt in der Heilsordnung, daß die anfängliche Art der Meditation im Laufe der Zeit ‚austrocknet'. Daraus darf nicht der Schluß gezogen werden, daß man die Meditation besser aufgeben oder durch Lesung mit meditativen Pausen ersetzen sollte. Vielmehr ist es nun an der Zeit, zu einer anderen, tieferen Meditation überzugehen, nämlich zu jener zweiten Art, die im Seelengrunde vollzogen wird. Und das ist im weiteren Sinne mystisches Gebet.

Der direkte Weg zur übergegenständlichen Meditation

Um diese tiefere Meditation geht es uns besonders in dieser Arbeit. Es gibt gewiß viele Bücher, die Anleitung zur Meditation geben. Aber die meisten Autoren beschränken sich auf die erste Art, von der wir gesprochen haben. Manche sprechen wohl auch von einer tieferen Meditation im Sinne von Gebet der Sammlung oder der Ruhe, aber sie geben keinen konkreten Weg an, wie man zu ihr gelangen kann. Statt dessen geben sie den Rat, man solle die Trockenheit, die nach längerer Zeit eintritt, mit Geduld und Ausdauer ertragen, da man im übrigen warten müsse, bis es Gott gefalle, durch seine Gnade weiterzuhelfen, da man selbst unmittelbar nichts dazu beitragen könne, zu einem tieferen Gebet zu gelangen. Man setze sich sogar der Gefahr von Täuschungen aus, wenn man versuche, ohne ein Objekt zu meditieren, oder wenn man gar die vollkommene Bewußtseinsleere anstrebe.

Es gab in der Vergangenheit gewiß viele Menschen, und es gibt solche auch heute noch - vielleicht weniger als früher -, die jenen Rat befolgt und in großer Treue bis zum Ende ihres Lebens in Geduld ausgeharrt haben und ihrer Gewohnheit zu betrachten treu geblieben sind. Manche von ihnen kamen dann im Alter schließlich doch noch zu einem tieferen Gebet. Aber wahrscheinlich war die Zahl jener größer - und sie ist es sicher in der Gegenwart -, die entweder anstatt der Meditation eine geistliche Lesung mit meditativen Pausen halten oder die Meditation ganz aufgeben. Die tägliche Arbeit ist ja in unserer Zeit selbst für viele Menschen, die einen geistigen Beruf haben, so vielseitig und anstrengend, daß die Zeit nie ausreicht und die Versuchung groß ist, auch die für die Meditation vorgesehene Zeit ins tägliche Arbeitsprogramm mit einzuplanen.

Gewiß hat es auch immer Menschen gegeben, für die der Vollzug der gegenständlichen Meditation von Anfang an nicht oder kaum möglich war. Da sind jedoch zwei Gruppen zu unterscheiden. Die einen sind wegen ihrer Veranlagung oder frühzeitigen Begnadigung zum mystischen Gebet sozusagen berufen. Für sie braucht keine Lösung gefunden zu werden; sie bedürfen nur einer ihrer Begnadigung entsprechenden Führung. Aber es gibt andere, die keine Mystiker sind, denen jedoch die gegenständliche Meditation, wie sie normalerweise von den Anfängern mit großem Nutzen geübt wird, nicht liegt. Sie ist ihnen vielleicht nicht einfachhin unmöglich, aber sie fühlen sich nicht davon angeregt. Oft meinen sie dann, daß das Meditieren für sie überhaupt nicht von Nutzen ist. Für sie ist die Hinführung zur übergegenständlichen Meditation noch dringender als für jene, die die gegenständliche Meditation wenigstens eine Zeitlang mit Nutzen vollziehen können. Diese Gruppe ist im Osten durchaus vorherrschend, zumal bei Menschen, die von der westlichen Kultur noch nicht oder nur wenig beeinflußt sind. Im Westen dagegen war diese Gruppe bisher nur selten vertreten. Das hängt natürlich mit der stark rationalistisch betonten westlichen Kultur zusammen. Vielleicht war es auch dort zur Zeit des Mittelalters noch anders, vielleicht ist es erst seit dem 16. Jahrhundert so geworden, nachdem die Naturwissenschaften und die Technik sich verselbständigt haben.

In jüngster Zeit macht sich jedoch ein Wandel im westlichen Denken bemerkbar, der sich auch auf die Meditation auswirkt. Es ist nicht nur ein neuer Zug zur Mystik spürbar, sondern die Zahl der Menschen, die sich mit der gegenständlichen Meditation schwer tun, ist gewachsen. Diese Art der Meditation kommt schon weitgehend nicht mehr an, selbst bei Menschen, die ein großes Verlangen nach der Meditation verspüren. Es ist schon fraglich geworden, ob die erörterte Grundregel, daß die christliche Meditation normalerweise mit dem Gegenständlichen beginnen sollte, heute noch Geltung besitzt. Dieser Wandel hängt wohl damit zusammen, daß der Mensch in seiner Entwicklung in ein neues Stadium eingetreten ist. Das rationale Element ist im Westen auch auf religiösem Gebiet so überbetont worden, daß es für den Glauben selbst ein Hindernis geworden ist. Es ist wie mit einem Messer, das übermäßig geschliffen wurde und nun überhaupt nicht mehr schneidet. Religion und Glaube sind nicht nur Sache des Verstandes, wie Naturwissenschaft und Technik. Der heutige religiöse Mensch läßt sich nicht mehr durch Beweise von der Richtigkeit seines Glaubens überzeugen. Er sucht sozusagen instinktiv die Glaubenserfahrung.

Es ist nun aber gerade die übergegenständliche Meditationsweise, die zur Glaubens- und zur Gotteserfahrung führt oder wenigstens am besten auf sie vorbereitet. Insofern ist die Meditation für das Glaubensleben des ‚neuen Menschen' von größter Bedeutung. Dafür spricht auch die starke Anziehungskraft östlicher Meditationsmethoden wie Yoga und Zen, die heute im Westen fühlbar ist. Diese Methoden sind nämlich nicht rational, sondern gehen auf die religiöse Erfahrung aus. Bewußt oder unbewußt sucht der westliche Mensch doch das Letzte und allein Gültige, das nur Gott sein kann. Schon im katechetischen Unterricht sollte ein Kapitel über Gotteserfahrung und eines über Meditation zu finden sein. Solange das nicht der Fall ist, wird man der spezifischen Eigenart des neuen Menschen kaum gerecht werden. Kurzum, wer ganz christlich werden und zu diesem Zweck die Meditation verwenden will, muß früher oder später zu einer Meditation kommen, die im Grunde der Seele und nicht nur sozusagen an der Oberfläche des Geistes vollzogen wird. Ob er dieses Ziel auch ohne Meditation erreichen kann, ist in der gegenwärtigen religiösen Lage zum mindesten zweifelhaft. Auf jeden Fall muß die dafür notwendige Umwandlung des Menschen bis in den Seelengrund gehen.

Daher nun unsere Frage: Wie kommt der Mensch an den geistigen Ort, wo diese Meditation ansetzt? Wie wird ihm der Weg zu dieser Meditation erschlossen? Die Lösung dieser Frage hat sich im christlichen Bereich schon vor 600 Jahren die kleine Schrift ‚Die Wolke des Nichtwissens' zum Ziel gesetzt. Der Verfasser scheint ein englischer Kartäusermönch gewesen zu sein. Sein Name ist nicht bekannt, wohl aber steht fest, daß er uns noch andere Schriften hinterlassen hat. Eine davon, die uns in

Verbindung mit der Wolke des Nichtwissens besonders aufschlußreich zu sein scheint, trägt den Titel ‚Persönliche Beratung‘ (Privy Council. A letter of private Direction, by the author of The Cloud of Unknowing, Ausgabe London 1963). Sie ist in Dialogform gehalten und beantwortet einige Fragen, die beim Vollzug dieser Methode aufkommen können. Privy Council ist daher für das volle Verständnis der ‚Wolke‘ von großer Bedeutung. Obwohl die ‚Wolke des Nichtwissens‘ schon im 14. Jahrhundert verfaßt wurde, gilt das Wesentliche des dort Gebotenen auch heute noch. Obwohl sie eine ganz christliche Meditationsmethode lehrt, hat sie auffällige Ähnlichkeit mit manchen östlichen Methoden. Wir werden daraus die wesentlichen Punkte anführen und kurz besprechen.

Es ist kein Zweifel, daß diese Schrift eine Anleitung zum mystischen Gebet sein will. Daher gibt der Verfasser in seinem Vorwort zunächst eine Warnung, nur derjenige solle diese Schrift lesen oder sich vorlesen lassen, der „sich mit lauterem Willen und eifrigem Streben entschlossen hat, ein vollkommener Jünger Christi zu sein, nicht nur im aktiven Leben, sondern auch auf dem erhabenen Gipfel des kontemplativen Lebens, . . . und der dazu tut, was an ihm ist . . .“ (Die Wolke des Nichtwissens, Ausgabe Einsiedeln 1958, S. 17). Anderseits sagt er, daß jeder, der sich in der gewohnten Betrachtung längere Zeit geübt hat, sich die Weise, die er nun lernen möchte, zu eigen machen könne, wenn er die genannten Bedingungen erfülle.

Mit der Wolke ist die Sphäre gemeint, die sich zwischen Gott und dem Menschen befindet, die der Mensch durchdringen muß, um zu Gott im Sinne der Gotteserfahrung zu kommen. Konkret heißt das, daß der Mensch alles Wissen, das er hat, auch das von sich selbst, vergessen muß. Er soll also nicht über die Glaubenswahrheiten nachdenken, die er früher vielleicht mit großem Trost und Nutzen betrachtet hat: „Bei diesem Werk hat man wenig oder gar keinen Nutzen, wenn man an Gottes Güte und Erhabenheit, an Unsere Liebe Frau oder an die Engel und Heiligen im Himmel denkt, nicht einmal an

die Freuden im Himmelreich . . . als wolltest du durch diese Betrachtung deinen Vorsatz, dieses Werk zu tun, unterstützen und verstärken . . .“ (a. a. O. S. 30). Im Gegenteil: „Deshalb rotte alle Erkenntnis und alles Gefühl aus, das du von irgendeinem Geschöpf hast und besonders, das du von dir selbst hast. Denn davon, was du von dir selbst weißt und über dich fühlst, hängt alle Kenntnis und alles Gefühl ab, das du für alle Geschöpfe hast, und es ist unvergleichlich leichter, die übrigen Geschöpfe zu vergessen als dich selbst; denn wenn du eifrig daran gehst, es zu erproben, wirst du finden, daß sogar dann zwischen dir und Gott ein nacktes Kennen und Fühlen deines eigenen Seins bleiben wird, wenn du schon alle anderen Geschöpfe, ihre Werke und dazu deine eigenen Werke vergessen hast. Dieses Kennen und Fühlen muß so lange erörtert werden, bis die Zeit kommt, da du die Vollkommenheit dieses Werkes wirklich fühlst“ (a. a. O. S. 73.).
Es heißt: „alle Kenntnis“. Also nicht nur alles Schlechte oder alles, was dem Ziel des Menschen zuwider ist, wie die bösen Neigungen und alles Sündhafte, sondern einfachhin alles Geschöpfliche, auch wenn es gut ist. Man könnte meinen, damit würde alles Geschöpfliche in einer Weise abgewertet, wie es nicht der christlichen Auffassung entspricht.
Aber in der Wolke des Nichtwissens geht es nicht um dieses Problem, sondern - wie wir heute sagen - um die Bewußtseinsleere oder die Entleerung des Geistes. Darum ist in dem Ausrotten aller Kenntnis auch die des Religiösen eingeschlossen, soweit es ein begriffliches Wissen ist oder in Bildern der Vorstellungskraft besteht, wie wir sie bei der gegenständlichen Meditation betätigen. Selbst das theoretische Wissen um Gott muß vergessen werden. Allerdings spricht der Verfasser, der in einer anderen Zeit lebte, nicht von Entleerung des Bewußtseins. Aber sachlich kommt es doch darauf hinaus.
Die erste Vorbedingung für die Anwendung dieser Methode, das aufrichtige Bemühen um die Reinheit des Herzens, gilt für alle Zeiten. Denn es wäre Vermessenheit, nach tieferem bzw. höherem Gebet zu verlangen,

ohne sich gleichzeitig zu bemühen, von Sünde und ungeordneten Neigungen frei zu werden. Denn das eine Verlangen ist auf die Nähe Gottes gerichtet, während die Sünde in die Gottesferne führt. Es sind zwei einander entgegengesetzte Bewegungen, die sich aufheben würden. Oder wie ein alter Meister gesagt hat, man kann nicht gleichzeitig mit Gott und dem Teufel am selben Tische speisen.

Was die Entleerung des Bewußtseins betrifft, so trifft sich diese Anweisung mit manchen der östlichen Methoden, besonders mit dem Zen, wo allerdings von Anfang an, ohne eine vorausgegangene gegenständliche Meditation, jedes Objekt abgelehnt wird. Der Grund ist in beiden Fällen der gleiche, insofern in beiden Fällen eine höhere Erkenntnisweise angestrebt wird. Im christlichen Bereich würde das heißen, daß das bisherige Wissen begrifflich und beschränkt ist, während Gott überbegrifflich und unbeschränkt ist. Kein menschlicher Begriff kann Gott erfassen. Solange Gott noch begrifflich erfaßt wird, ist es nicht Gott, den wir uns gegenüber vorstellen, sondern nur ein Idol. Solange wir uns daher Gott in Begriffen zu nähern suchen, die alle aus der begrenzten geschöpflichen Welt genommen sind, entzieht er sich uns - es ist, wie wenn man Luft mit der Hand erfassen und festhalten wollte.

Das bedeutet konkret, daß wir uns in der Meditation auf keinen Gedanken einlassen dürfen, weder indem wir ihn selbst hervorrufen noch ihn aufgreifen, wenn er ohne unser Bemühen in unser Bewußtsein tritt. Keinem Gedanken dürfen wir Einlaß gewähren, gleich ob er gut oder schlecht ist. Dieses ‚Nicht-Denken‘ ist für den westlichen Menschen äußerst schwierig, da seine ganze Kultur sozusagen vorwiegend auf dem Denken aufgebaut ist. Aber solange er bewußt und gewollt denkt, kann jene andere Kraft, die in der übergegenständlichen Meditation betätigt oder durch sie geweckt werden soll, nicht zum Zuge kommen.

Der Verfasser der ‚Wolke‘ wußte sehr wohl, daß das sehr schwer ist, selbst wenn man alle theoretischen Bedenken, die man gegen ein solches Vorgehen haben könnte, fallenläßt und sich ernstlich darum bemüht. Er rät deswegen, daß man ein Wort wähle und nur mit diesem einen Wort jeden Gedanken abweise, der sich herandränge. Das Wort solle vor allem kurz sein, wie z. B. ‚Gott' oder ‚Lob', aber es braucht keinen religiösen Inhalt zu haben; nur kurz soll es sein. Es soll wie ein Schild oder ein Speer sein, mit dem man jeden Gedanken abwehrt. Was hier angeraten wird, ist jedoch weder mit dem Vorgehen bei der Schriftwort-Meditation identisch, noch auch mit dem Mantra, wie es bei manchen indischen Meditationsweisen verwendet wird. Es ist aber auch verschieden von dem sogenannten Koan, das im Zen einen ähnlichen Zweck erfüllen soll.

Die Schriftwort-Meditation wurde schon besprochen. Es geht nicht um irgendein Wort, sondern um ein Wort oder einen Satz mit religiösem Inhalt, die man besser verstehen und sich zu eigen machen möchte, wenn auch nicht durch Zerlegen und Nachdenken, sondern in einer mehr intuitiven Weise. Auch die Weise des Mantra ist anders. Dort wird ein Wort oder ein Ton (oder beides zusammen, die, dem Charakter des einzelnen entsprechend, mit Hilfe des Lehrers zu bestimmen sind, beständig wiederholt, langsam in die Seelentiefe eingelassen, wo es schließlich verschwindet. Es soll nur helfen, in diese Tiefe einzudringen, und hat dann seine Aufgabe erfüllt. Beim Koan im Zen ist es wieder anders. Dort geht es um ein Problem, das gelöst werden soll, aber so gestellt ist, daß es keine logische Lösung zuläßt. Durch das Bemühen, es trotzdem zu lösen, soll die logische Denkweise allmählich ausgeschaltet werden, damit die intuitive Kraft, die in der Erleuchtung wirkt, zum Zuge kommen kann. Bei allen drei Weisen ist man also beständig mit dem Wort oder Problem beschäftigt. Bei der Weise, von der die ‚Wolke' spricht, ist das Wort wie eine Waffe, die beständig bereitliegt, um jeden Feind, der sich naht, sogleich zu vernichten. Der Inhalt des Wortes ist daher ohne Belang.

Was die Bewertung der anderen Weisen betrifft, so ist ohne weiteres einsichtig, daß die christliche Schriftwort-Meditation einen hohen Wert hat. Sie liegt in etwa zwischen der gegenständlichen und der übergegenständlichen Meditation und kann als Übergang von der einen zur anderen dienen. Die Mantrameditation, auch transzendentale Meditation genannt, ist weit verbreitet und wird von vielen im Westen sehr geschätzt. Sie ist leichter zu vollziehen als die Zen-Meditation, weil sie keine schwierige Körperhaltung vorschreibt und weil sie im Mantra ein Objekt hat. Der Verfasser der ‚Wolke' ist sich darüber klar, daß es sehr schwer ist, alle Gedanken fernzuhalten. Er sagt, es sei so schwer, alle Kenntnis und alles Gefühl von irgendeinem Geschöpf und besonders von sich selbst auszurotten, daß es die menschliche Kraft übersteige und nur mit der Hilfe Gottes möglich sei. Wenn das schon für den mittelalterlichen Mensch gilt, der doch meditativer lebte als der Durchschnittsmensch der Gegenwart, ist es für uns im 20. Jahrhundert erst recht schwierig. Wir müssen daher nach neuen und für uns wirksamen Mitteln suchen, die es uns möglich machen, über die Schwierigkeiten Herr zu werden, die gerade in unserer Zeit im Wege stehen. Dabei sollte man zunächst an Mittel denken, die uns jederzeit zur Verfügung stehen, wie z. B. eine entsprechende Körperhaltung und die Atmung. Es entspricht ja durchaus dem christlichen Denken, auch den Körper in den Dienst des Religiösen zu stellen, was schon immer in der Liturgie geschah. Auch der Körper gehört zum Menschsein nicht weniger als der Geist und sollte mit geheiligt werden. Tatsächlich hat sich auch in der christlichen Spiritualität in der Auffassung von der Beziehung zwischen Körper und Geist schon ein Wandel vollzogen. Während man in früheren Zeiten den Körper oft als Hindernis für die Betätigung des Geistes in religiöser Beziehung betrachtete, sieht man heute Körper und Geist mehr als ein Ganzes; allmählich setzt sich die Auffassung durch, daß sich beides gar nicht vollkommen voneinander trennen läßt.

Hier nun kommt das Angebot des Ostens in den Blick. Es lag den östlichen Religionen wohl auch von ihrer Weltanschauung her näher, in den natürlichen Kräften Mittel und Wege zu suchen und zu finden, um die genannten Schwierigkeiten zu überwinden. Sie haben jedenfalls durch Erfahrung Körperhaltungen und Atmungstechniken gefunden, die es dem Geist erleichtern, von Gedanken frei zu werden. Sowohl im Yoga wie im Zen wird der sogenannte Lotussitz bevorzugt, der freilich für den Menschen der abendländischen Kultur schwer zu vollziehen ist. Aber es ist ja nun auch nicht so, daß man alles genau so machen müßte, wie es dort seit zwei- bis dreitausend Jahren üblich ist. Das wichtigste bei der Sitzweise ist, daß man am Boden, am besten auf einem 5 bis 6 cm dicken Kissen, sitzt, wobei die Beine möglichst flach am Boden liegen, dabei aber die Rückenwirbelsäule einschließlich des Kopfes kerzengerade hält. Die Hände läßt man dabei verschränkt vor sich auf den Beinen (Oberschenkeln) ruhen. Die Augen schauen ein wenig geöffnet in einer Entfernung von etwa einem Meter auf einen Punkt am Boden, der aber nicht krampfhaft fixiert werden soll. Sitzt man nahe vor einer Wand, blickt man auf einen Punkt in entsprechender Höhe an der Wand. Das heißt aber nicht, daß man sich auf den Punkt konzentrieren soll, sondern das geistige Auge ist auf die Körpermitte, etwas unterhalb des Nabels gerichtet. Die Augen sollen nicht geschlossen sein, aber auch nicht durch die Umgebung abgelenkt werden. Nicht weniger wichtig ist das Atmen, das möglichst mit dem Zwerchfell getätigt werden soll. Das Ausatmen soll dabei länger sein als das Einatmen. Beides soll gewöhnlich durch die Nase geschehen. (Genauere Anweisung für die Zen-Meditation siehe ‚Zen - Weg zur Erleuchtung', Wien, 2. Aufl. 1970.)

In der ‚Wolke des Nichtwissens' werden keine Anweisungen für Körperhaltung und Atmung gegeben. Die Methoden der östlichen Religionen waren damals noch nicht bekannt. Nur das Jesusgebet scheint sie zu kennen, das in seiner Technik wahrscheinlich aus dem Osten stammt und in Griechenland, besonders in den Athosklöstern, schon lange, bevor die ‚Wolke des Nichtwissens' geschrieben wurde, in Übung war. In unserem hektischen Dasein, unter dem die Menschheit im Westen mehr und mehr zu leiden hat, ist es kaum mehr möglich, ohne die genannten oder andere natürliche Hilfen zur Ruhe zu kommen, wenn man sich nicht vollständig vom Getriebe der Zeit absondern kann. Es braucht jedoch nicht unbedingt Yoga oder Zen zu sein. Das autogene Training könnte wohl den gleichen Dienst leisten. Freilich scheint es bisher kaum anders als im Dienste der Therapie verwendet zu werden. Jeder muß sehen, was für ihn das beste ist. Tatsache ist, daß die östlichen Meditationsmethoden auch im Westen viele Menschen anziehen und schon vielen geholfen haben. Manche wenden sogar große Mittel auf, um nach Asien zu reisen und sich dort von den Meistern unterrichten zu lassen. Sie hoffen dort Hilfen zu finden, die sie im Westen nicht fanden, sei es, daß sie ihnen nicht bekannt waren oder daß es dort wirklich daran fehlt. Es gibt im Westen auch nicht wenige gläubige Christen, die bereits durch eigene Erfahrung herausgefunden haben, daß ihnen die östlichen Methoden eine wirksame Hilfe sein können, zu einem tieferen und vielleicht sogar zum mystischen Gebet zu gelangen. Größer ist freilich immer noch die Zahl jener, die davor zurückschrecken, irgend etwas von den nicht-christlichen Religionen zu übernehmen. Wir begnügen uns damit, darauf hinzuweisen, daß das Zweite Vatikanum sich klar zugunsten der Integrierung der nicht-christlichen Meditationsmethoden in die christliche Spiritualität ausgesprochen hat (Dekret über die missionarische Tätigkeit der Kirche, Nr. 18).

Doch kehren wir nochmals zur ‚Wolke des Nichtwissens' zurück. An der angeführten Stelle, wo es heißt, daß bei diesem „Werk" - gemeint ist die Methode, von der die Rede ist - Betrachtungen über die Güte Gottes und die Heiligen wenig oder keinen Nutzen bringen, fügt der Verfasser hinzu, es sei viel besser, „an Gottes Sein zu denken und ihn um Seiner selbst zu lieben und zu preisen" (a. a. O. S. 30). Es wäre falsch, aus diesen Worten zu schließen, daß man über das Wesen Gottes nachdenken solle, wie man es etwa tut, wenn man über das Wesen Gottes theologische Erwägungen anstellt. Denn damit würde man zur gegenständlichen Betrachtung zurückkehren und das tiefere Eindringen in den Seelengrund ebenso hindern wie wenn man über einen anderen Gegenstand nachdächte. Der Verfasser will sagen, man solle in einer überbegrifflichen Weise auf Gott in seinem Wesen ausgerichtet sein, nicht auf etwas an oder in Gott, das aber nicht sein nacktes Wesen wäre. An anderer Stelle wird die hier gemeinte innere Haltung eine „geheime Regung der Liebe" genannt. Was das bedeutet, soll später erklärt werden. Gott wirklich nur um seiner selbst willen zu lieben, ist übrigens gar nicht leicht und unvergleichlich schwieriger, als über Gott auch mit dem schärfsten Verstand nachzudenken. Denn das ist vollkommene Liebe, die jedes andere Motiv ausschließt.

Das Gesagte wird nun noch deutlicher gemacht. Zunächst wird nochmals betont, daß die bisherige Betrachtungsweise gut und heilig gewesen sei, „sogar so heilig, daß jeglicher Mann und jegliche Frau, die da wähnen, sie möchten zur Beschauung gelangen, ohne daß eine solche christliche Meditation über ihr eigenes Elend, über das Leiden Christi und Gottes große Güte und Erhabenheit vorhergehe, sicherlich irregehen und ihren Vorsatz verfehlen werden." Dann aber fährt er fort: „Jedoch geziemt es einem Mann oder einer Frau, die sich lange Zeit in diesen Meditationen geübt haben, sie hinter sich zu lassen und sie tief unter die Wolke des Vergessens hinabzudrücken und dort zu halten, wenn sie je durch die Wolke des Nichtwissens dringen wollen, die zwischen ihnen und ihrem Gotte ist" (a. a. O. S. 32).

Also, wenn man sich längere Zeit in irgendeiner Meditation, die mit bewußter Betätigung des Verstandes und Willens vollzogen wird, geübt hat, dann möge man zu der Weise, von der die ‚Wolke' spricht, übergehen. Das gilt um so mehr, wenn die erste Weise schon nicht mehr recht gelingen will, obwohl man von seiner Seite alles tut, was man dazu tun kann, und weder Müdigkeit noch andere äußere Hindernisse die Ursache des Nichtgelingens sind. Wenn diese Bedingungen erfüllt sind, soll man sich um eine andere Weise bemühen, sei es die, welche in der ‚Wolke' gelehrt wird, oder eine ähnliche Weise, bei der Verstand und Wille nicht bewußt betätigt werden.

Das heißt also: Man soll sich während der Meditation nicht länger auf einen Betrachtungsgegenstand konzentrieren, noch einen Gedanken, der sich von selbst einstellt, aufgreifen und darüber nachdenken, sondern sich sozusagen dem Nichts konfrontieren oder ins vollkommene Dunkel schauen. Man wird vielleicht davor zurückschrecken, sich während der Meditation in dieser Weise zu verhalten, weil man fürchtet, daß ein solches Verhalten nicht mehr im Rahmen der christlichen Meditation liegt. In diesem Falle tut man gut daran, sich mit einem im geistlichen Leben und besonders im Gebet erfahrenen Menschen zu besprechen. Kommt man auch dann nicht über diese Hemmungen hinweg, so braucht man die Sache nicht zu überstürzen und kann sich einstweilen damit begnügen, eine zwar noch gegenständliche, aber doch sehr einfache Meditation zu machen, z. B. die Schriftmeditation, wie sie vorher erklärt wurde.
Wenn man das tut, dann wird in den meisten Fällen früher oder später ein Zustand völliger Stille oder Leere oder Dunkelheit, oder wie man ihn sonst nennen mag, eintreten. Kommt man auf diesem Weg dorthin, so soll man dabei bleiben und sich weiter keine Sorgen machen. Das Weitere wird von selbst klarwerden. Auf jeden Fall sollte man stets im Auge behalten, daß man durch die Wolke des Nichtwissens dringen muß, wenn man je zur unmittelbaren Erfahrung des göttlichen Wesens kommen will. Wir fügen hinzu, daß es besser ist, bis zum Ende des Lebens in der Wolke des Nichtwissens zu verbleiben, als niemals in dieselbe einzudringen.
Auch Johannes vom Kreuz hat über diesen Sachverhalt - wenn auch nicht immer mit den gleichen Worten - Vieles und Schönes geschrieben, das im Grunde genommen mit dem übereinstimmt, was die ‚Wolke' lehrt. Bei ihm ist es die Nacht des Geistes, durch die man gehen muß. Dieser geht jedoch die Nacht der Sinne voraus. Dabei geht es um die Reinigung oder die Ordnung des sinnlichen Strebevermögens oder der Leidenschaften, d. h. um das, was man im engeren Sinne Aszese nennt. Das Sinnenhafte soll nicht vernichtet, sondern dem Geist und dem letzten Zweck des Menschen untergeordnet werden. Das ist, wie

bereits gesagt, die notwendige Voraussetzung für jede gesunde Mystik. Wo diese Voraussetzung fehlt, wird das ersehnte Ziel nicht erreicht und besteht größte Gefahr, getäuscht zu werden und sogar moralisch zu scheitern, so daß „die letzten Dinge dieses Menschen schlimmer sind als die ersten". Solche Fälle hat es in Ost und West zu allen Zeiten gegeben.

Trotzdem heißt das nicht, daß gar keine mystische Erfahrung möglich ist, bevor diese Reinigung zum Abschluß gekommen ist. Es kommt immer wieder vor, daß große mystische Erlebnisse stattfinden, die wenigstens anscheinend ganz unvorbereitet sind, die aber dann den Sinn haben, daß der Mensch aus seiner Blindheit oder Lauheit aufgeschreckt wird. Es ist dann ein Anruf zur radikalen Umkehr und gänzlichen Hingabe, wie sie Paulus vollzogen hat, nachdem der göttliche Strahl ihn vor Damaskus getroffen hatte. Oft wird sich dann der Mensch auch blitzartig bewußt, daß es hier um etwas ganz Schweres geht, um ein Sterben im Sinne des mystischen Todes. Andere kommen nicht so plötzlich zu dieser Erkenntnis, sondern erst allmählich. Aber einmal wissen auch diese, daß sie auf dem einmal beschrittenen Wege nur weiterkommen, wenn sie diesen Tod zu erleiden gewillt sind. Gott allein weiß, wie viele, die diesen Anruf plötzlich oder allmählich und doch unzweideutig vernahmen, ihm großmütig gefolgt sind, und wie viele zögerten - bis zum Ende des Lebens, obwohl die Stimme im Innersten ihres Herzens niemals völlig schwieg. Ignatius hat einmal gesagt: „Niemand weiß, was Gott aus ihm machen wird, wenn er seiner Gnade entspricht." An ihm selbst ist das wahr geworden. Er wurde plötzlich getroffen und hat entsprochen. So wurde er ein großer Mystiker, obwohl sein Leben bis dahin keineswegs das eines Heiligen gewesen war. Niemand begeht freilich damit, daß er dem Anruf nicht folgt, schon eine schwere Sünde, aber die Absage ist ein Verlust für ihn selbst und für die Menschheit.

Fälle wie Paulus und Ignatius von Loyola sind Ausnahmen. Normalerweise muß der Mensch die Reinigung vollziehen, wenn er zu einem tieferen Gebet kommen will. Es ist aber doch wieder nicht so, daß sich niemand um ein tieferes Gebet im besagten Sinne bemühen dürfte, bevor er gänzlich von ungeordnetem Streben frei ist. Er muß sogar selbst dann, wenn er schon auf diesem Wege weit fortgeschritten ist, bedenken, daß er ein Mensch ist, der auch ein sinnliches Leben hat, und stets darauf achten, daß er keinen Fehltritt tut. Tröstlich ist aber für ihn der Gedanke, daß gerade diese Art der Meditation den Menschen immer mehr läutert, obwohl er sich dessen nicht bewußt ist. Es ist die passive Reinigung, von der auch die ‚Wolke' ausdrücklich spricht und von der alle Mystiker Kenntnis haben.

Ein jeder muß schließlich selbst den richtigen Zeitpunkt finden, wo er zu der Meditation ohne Gegenstand übergehen kann und soll. Am besten berät er sich dabei mit einem erfahrenen Seelenführer. Denn es ist schwer, in eigenen Dingen das Rechte zu treffen, oft schwerer, als einen anderen zu führen.

Er sollte aber auch bedenken, daß es keine leichte Sache ist, diesen Weg zu gehen, damit es ihm nicht so geht wie dem Mann im Evangelium, der einen Turm bauen wollte, aber sich nicht vorher hinsetzte und ausrechnete, ob er seinen Plan bis zum Ende ausführen konnte, und schließlich zum Gespött der Leute wurde, weil ihm das Geld ausging, bevor er fertig war. Wir möchten dazu noch einige Worte aus der ‚Wolke des Nichtwissens' anführen, wo ausdrücklich über die fast unüberwindlichen Schwierigkeiten in diesem Bemühen gesprochen wird. Es heißt dort, daß es die Kräfte des Menschen übersteige, das nackte Wissen und Fühlen des eigenen Seins loszuwerden, selbst wenn man alles Wissen und Fühlen der übrigen Geschöpfe überwunden habe. Der Verfasser nennt das einen „großen Kummer" und sagt: „Denn sooft der Mensch in solcher Lauterkeit des Geistes, als sie nur hinieden möglich ist, seinen Gott wahrhaft kennen und fühlen will, jedoch fühlt, daß es nicht gelingt, weil er immer dieses Kennen und Fühlen sozusagen von einem übel stinkenden Klumpen seiner selbst eingenommen und erfüllt findet ... ebensooft wird der Mensch fast wahnsinnig vor Kummer" (a. a. O. S. 75). Je mehr er

sich bemüht, desto stärker wird sein Verlangen, zu Gott zu kommen, d. h. zur Gotteserfahrung zu gelangen, die durch kein theoretisches Wissen ersetzt werden kann.
Im Sinne von Johannes vom Kreuz gesprochen, wird das Dunkel immer tiefer und scheinbar undurchdringlicher. Entsprechend wird die Hoffnung, einmal bis zum Ende zu kommen, wo das Licht aufleuchtet, immer schwächer, bis sie schließlich ganz schwindet. Das scheint sogar die Vorbedingung dafür zu sein, daß sie schließlich erfüllt wird. Ein unlösbares Dilemma. Dann ist man ganz auf die „dunkle Beschauung" zurückgeworfen, von der Johannes in diesem Zusammenhang spricht. Trotzdem darf man nicht verzweifeln; denn in dem Dunkel ist immer schon das, was man sucht, obwohl man noch nicht imstande ist, es wahrzunehmen.
Der Verfasser der ‚Wolke' spricht in diesem Zusammenhang von der „blinden Regung der Liebe zu Gott". Sie ist blind, denn es wird ja nichts gesehen. Aber von dieser blinden Regung sagt er, daß sie die große Kraft ist, die in dieser Meditation wirksam wird und nicht fehlen dürfe: „Wenn man sie richtig begreift, so wird diese blinde Regung alle Tugenden innig und vollkommen in sich fassen, sie fühlen und in sich aufnehmen, ohne daß sich eine bewußte Absicht hineinmischt" (a. a. O. S. 43). Alles was den Tugenden im Wege steht, wird sozusagen geschmolzen oder wegmeditiert.
Diese Meditation geht nicht mehr in die Breite, sondern nur noch in die Tiefe. Sie ist ein Versenkungsweg, der bis in den Seelengrund führen soll, wo keine Differenzierung mehr möglich ist. Aber um dort hinzugelangen, müssen alle Hindernisse beseitigt werden. Diese Hindernisse sind die ungeordneten Triebe des Menschen. Solange man auch nur einer ungeordneten Neigung anhängt, wird der Weg blockiert. Die Meditation hat jetzt nicht mehr die Aufgabe, über die Dinge, so erhaben sie auch sein mögen, nachzudenken, sondern die Hindernisse auf dem Weg in den Seelengrund zu beseitigen, die Störungsherde zu liquidieren. Selbst wenn jemand daher niemals zum ersehnten Licht käme, würde er doch durch diese Meditation beständig bereichert, und zwar mehr, als wenn er

bei der gegenständlichen Meditation stehengeblieben wäre oder das Meditieren aus Verzweiflung ganz aufgegeben hätte.
Aber er hat noch einen viel größeren Trost, nämlich daß ihm bisweilen unerwartet Erkenntnisse gegeben werden, die wie ein Licht aus dem Dunkel aufblitzen: „Vielleicht wird er dann gelegentlich einen Strahl geistlichen Lichtes aussenden, der die Wolke durchbricht, die zwischen dir und Ihm ist, und dir etwas von Seinen Geheimnissen zeigen, von denen der Mensch weder sprechen soll noch kann" (a. a. O. S. 62). Aber diese Lichtblicke kommen stets unerwartet und kaum jemals dann, wenn man darauf wartet; denn die Haltung des Wartens, wenn es ein Erwarten ist, versperrt den Weg. Daß es solche Erkenntnisse gibt, wenn man treu ausharrt, bestätigen viele, die diesen Weg gegangen sind.
Ausführlicher noch als die ‚Wolke' hat Johannes Tauler diesen Weg beschrieben. Wir möchten hier nur ein Zitat aus seinen Werken anführen, im übrigen aber auf das ausgezeichnete Werk von Ignaz Weilner ‚Taulers Bekehrungsweg' (Regensburg 1961) verweisen. „Der Weg, den ein solcher Mensch dann vor sich hat, ist: Wissen und Nichtwissen. Durch diese hindurch soll der Mensch recht scharf mit einem Auge sehen wie ein Schütze, der sein Ziel genau ins Auge faßt . . . In diesem gar engen Wege da stehen zwei Örtelein, durch die er mitten hindurch schlüpfen muß - das eine ist das Wissen, das andere ist das Nichtwissen. Ohne sich einem von beiden zu überlassen, soll er hindurch gehen mit einfältigem Glauben. Das andere Örtlein, das ist die Sicherheit und Unsicherheit; da soll man hindurch gehen mit heiliger Hoffnung. Das dritte ist Freude des Geistes und Unfreude der Natur. Da soll man hindurch gehen mit rechter Gelassenheit. Dann kommt eine große Zuversicht und dann eine unrechte Furcht. Dadurch soll man gehen mit Demut . . ., auf diesen Weg und engen Pfad muß der Mensch achthaben. Das Nichtwissen soll man beziehen auf den inwendigen Grund. Im äußeren Mensch aber und in den Seelenkräften soll man für wahr wissen, wie man daran ist und womit man umgeht. Denn das ist eine

Schande für jeden Menschen, daß er um andere Dinge weiß und um sich selber nicht ... Denn in beiden, im Wissen sowohl wie im Unwissen, kann er irregehen: Das eine kann ihn erheben (überheblich machen) und das andere ihn entsetzen ..." (a. a. O. S. 183/4).
Es ist ohne Zweifel ein Weg größter Entsagung, und er muß es sein, wenn er zu seinem Ziel führen soll. Der Mensch ist nun ganz einsam; denn da ist niemand, an dem er Halt finden kann. Es ist daher nicht zu verwundern, daß sich der einsame Wanderer manchmal fragt, ob es überhaupt noch Sinn hat, den Weg fortzusetzen. Der Blick ins Dunkel kann ihm sinnlos erscheinen und den Zweifel hervorrufen, ob denn eine solche Meditation überhaupt noch christlich ist, da es noch keine christliche Meditation ohne Gott gibt. Was ist dazu zu sagen?

Die Versenkung

Zum besseren Verständnis der Lage, in der sich ein solcher Mensch befindet, können uns vielleicht Ergebnisse der Tiefenpsychologie Aufklärungen geben, die in früheren Zeiten noch nicht zur Verfügung standen. Beste Hilfe bieten die beiden Bücher von Carl Albrecht ‚Psychologie des mystischen Bewußtseins', Bremen 1951 (im folgenden zitiert als ‚Psychologie'), und ‚Das mystische Erkennen', Bremen 1958 (zitiert als ‚Erkennen').
Man kann den Weg vom normalen, wachen Bewußtsein in jenen Zustand, in dem meistens die mystischen Erfahrungen stattfinden, ‚Versenkungsweg' oder einfach ‚Versenkung' nennen. Dementsprechend nennen wir den Endzustand ‚Versunkenheit' und sprechen im gleichen Sinne von ‚Versenkungsbewußtsein' und ‚Versunkenheitsbewußtsein'. Diese Bezeichnungen haben den Vorteil, daß sie zunächst keine weltanschauliche Meinung und kein Werturteil enthalten. Der Versunkenheit ist die ‚Innenschau' oder ‚bildlose Schau' zugeordnet. Diese Bezeichnungen sind nicht nur für die christliche Mystik, sondern auch für die entsprechenden Erfahrungen in nicht-christlichen Religionen, z. B. Yoga und Zen, gültig. Was das im einzelnen heißt, werden wir noch sehen. Jedenfalls aber darf die Innenschau nicht mit einer wachbewußten, willentlichen Selbstreflexion verwechselt werden.
Wenn der Mensch den Versenkungsweg antritt, wird er sich nach einer entfernten Vorbereitung, die etwa in Enthaltsamkeit und Zurückgezogenheit bestehen kann, in irgendeiner Weise niedersetzen oder knien oder auch liegen, wobei der Körper in Ruhe ist. Er wird sich dann gegen alle Sinneseindrücke abzuschirmen und die Phantasiebilder fernzuhalten suchen. Er wird sich nach Möglichkeit von Gedanken freimachen, die nichts mit seiner Meditation zu tun haben. Er ist dabei also zunächst noch bewußt und willentlich tätig. Diese Tätigkeit tritt aber mehr und mehr zurück, bis sie schließlich ganz aufhört und der Versenkungsprozeß von selbst weitergeht.

Man kann also in der Versenkung zwei Stufen unterscheiden. Die erste Stufe, der Beginn des Versenkungserlebnisses, ist dadurch gekennzeichnet, daß noch Störungsvorgänge vorhanden sind, die sowohl aus der Wahrnehmungswelt als auch aus der Reproduktionsgrundlage kommen können. Für Denkvorgänge gilt: „Auf der ersten Stufe der Versenkung finden wir in großer Zahl Bewußtseinsvorgänge und Bewußtseinsinhalte, die den Charakter von Denkvorgängen haben und als störend empfunden werden. Die zweite Stufe enthält einen Bewußtseinszustand, der schon in großem Ausmaß vereinheitlicht ausgerichtet ist. Es gibt keine Störungserlebnisse mehr. Das Denken ist weitgehend stillgelegt, d. h. es gibt keine Gedankenreihen, keine gerichteten Denkverläufe mehr. Sie sind entbehrlich geworden (Albrecht, ‚Psychologie', S. 54/55).

In der Meditation, wie wir sie gewöhnlich verstehen, gibt es gerichtete Denkverläufe. Die Meditation hat den Charakter des Denkens und des Wollens. Das wird im Laufe des Versenkungsprozesses und erst recht in dessen Endpunkt, der Versunkenheit, anders. Die Meditation ist jedoch nicht allein durch Denkvorgänge zu charakterisieren. In der Versunkenheit ist die Meditation überhaupt kein konzentrierter Akt; das meditierende Denken geschieht hier ohne Aktivitätsbewußtsein und enthält keine Willenserlebnisse. Trotzdem hat der meditative Verlauf durchaus ein Gefüge: Er ist auf einen Gegenstand ausgerichtet, aber anders als bei der gegenständlichen Meditation. „Die Richtung des seinerseits determinierten Meditationsverlaufes ist von selbst gegeben und nicht gewählt worden. In einem unmittelbar gefühlsmäßigen Innern bejaht das Ich diesen ablaufenden Vorgang der Meditation" (a. a. O. S. 57).

Die Innenschau oder bildlose Schau „ist eine Schau in die Dunkelheit, aber nicht eine Schau des Dunkels. Sie ist eine Schau, in der nichts gesehen wird, aber nicht eine Schau des Nichts. Denn in der Dunkelheit, in die hineingeschaut wird, und im Vorgang eines Nichtsehens ist gleichzeitig und immer die mystische Präsenz enthalten" (Albrecht, ‚Erkennen', S. 213). Das deckt sich mit dem, was Johannes vom Kreuz von der „dunklen Beschauung" sagt: daß sich in diesem Dunkel schon das göttliche Licht befinde, das der Mensch aber nicht wahrnehmen könne, weil der Verstand noch nicht genügend gereinigt sei. Ebenso die ‚Wolke des Nichtwissens': „Kümmere dich nicht darum, wenn deine Sinne dieses Nichts nicht begreifen ... es ist nämlich so erhaben, daß sie nichts davon begreifen können. Dieses Nichts kann besser gefühlt als gesehen werden, denn es ist ganz blind und ganz dunkel für jene, die erst darauf geschaut haben. Jedoch, um es der Wahrheit gemäß zu sagen, wird eine Seele, die es fühlt, mehr geblendet von dem Überfluß an geistlichem Licht als sie blind sein könnte von irgendeiner Finsternis oder Mangel an leiblichem Licht" (‚Wolke', a. a. O. S. 84). Diese Situation wird treffend von Albrecht beschrieben: „Es besteht eine unheimliche und faszinierende Diskrepanz zwischen der totalen Dunkelheit, auf die der Schauende starrt, in der die ganze Fülle des Gesuchten angekommen und real wirklich anwesend ist. In dieser kaum umspannbaren Gegensätzlichkeit zweier Erlebnispole ist der eigentliche Kerngehalt der mystischen bildlosen Schau ausgesprochen" (‚Erkennen', S. 207). Aus dem Gesagten dürfte klar hervorgehen, daß Gott, obwohl, oder weil man nicht willentlich zugegen ist, und zwar in einem viel erhabeneren Sinne, als wenn wir Ihn in unseren Gedanken hegen. Es ist natürlich, es entspricht der sinnlich-geistigen Natur des Menschen, daß wir Gott als Ursprung und letztes Ziel zunächst mit unserem begrifflichen und gegenständlichen Denken zu erfassen suchen und unser Denken und Tun auf Gott ausrichten. Aber wir dürfen dabei nicht vergessen, daß wir Gott auf diesem Wege nicht in seinem Wesen berühren können, da Gott überbegrifflich ist. Wenn wir zu Gottes Wesen kommen wollen, müssen wir zunächst in völliges Dunkel eintreten. Nur in diesem Dunkel können wir Gott gewissermaßen berühren oder schauen, soweit das in diesem Leben überhaupt möglich ist. In diesem Sinne sagt Gregor von Nyssa: „Hierdurch belehrt uns nämlich das Wort, daß die religiöse Erkenntnis im Anfang ein Licht ist für den Menschen, dem sie aufgeht ...

In der weiteren Entwicklung aber, da der Geist immer weiter und vollkommener fortschreitet in wahrer Erkenntnis, wird er inne, je näher er dem Schauen kommt, und immer deutlicher sieht er, daß das göttliche Wesen unschaubar ist. Denn da er alles zurückläßt, was da scheint, nicht nur, was der Sinn erfaßt, sondern auch, was der Verstand zu sehen meint, und immer tiefer dringt ins Innere, bis er mit seines Geistes Bemühen versinkt im Unschaubaren und Unfaßlichen - Dort ‚sieht er Gott'. Denn darin besteht das wahre Wissen um das Gesuchte, und das heißt: Sehen - Nicht sehen. Das Ziel des Suchens liegt jenseits allen Wissens, wie von einer Wolke allseits umhüllt von Unbegreiflichkeit . . ." (Cant. Cant. 888-895, Cod Barth. 92,2). Das ist die Gotteserfahrung, nach der der Mensch um so mehr verlangt, als er von allem frei wird, was Gott nicht ist.
Trotzdem gibt es, wie gesagt, auch Gotteserfahrungen, die anscheinend ganz unvorbereitet auftreten. Dafür lassen sich zwei Erklärungen denken. Entweder sind diese Erfahrungen Wirkungen der Gnade, die für Gott jederzeit möglich sind, weil Gott - und zwar Er allein - den menschlichen Geist unmittelbar beeinflussen kann. Oder der menschliche Geist wäre eben doch durch gewisse Umstände gerade in jenem Augenblick vorbereitet gewesen, etwa durch ein erschütterndes Ereignis, das ihn in diesem Augenblick alles vergessen ließ. So erklären sich die plötzlichen Erleuchtungserlebnisse, die von berühmten Zenmeistern erzählt werden. Allerdings hatten diese schon vorher viele Jahre hindurch das Zazen geübt. Solche unerwarteten mystischen Erlebnisse haben oft eine völlige Bekehrung zur Folge gehabt. Bei anderen fand diese Bekehrung nicht statt, aber das Erlebnis blieb mit Ort und Zeit trotzdem tief in ihrem Gedächtnis haften, ohne daß es sich wiederholte, obwohl sie oft eine große Sehnsucht danach fühlten. Vielleicht hängt die Verschiedenheit der Reaktionen auch mit der Art der Erlebnisse selbst zusammen, ob nämlich das persönliche Element stärker war oder das apersonale überwog, ob es als Begegnung mit Gott oder als Seinserlebnis empfunden wurde. Welche der beiden Erklärungen richtig ist,

hängt vom einzelnen Fall ab und ist auch für die Praxis nicht von großer Bedeutung. Es ist auf jeden Fall gut, zwei Axiome im Auge zu behalten, die in der christlichen Lehre vom geistlichen Leben oft zitiert wurden und auch heute noch Geltung haben. Das erste lautet: Die Gnade setzt die Natur voraus. Und das zweite: Die Natur macht keine Sprünge. Daraus ergibt sich, daß man keine wunderbaren Eingriffe der Gnade erwarten soll, bevor man alles getan hat, was man mit seinen natürlichen Kräften tun kann, und zweitens, daß die Natur Zeit braucht, bis sie durch alle Stadien hindurchgegangen ist, die durchgangen werden müssen, damit etwas Außergewöhnliches geschehen kann.

Auch die Stufen des Gebetes hängen aufs engste mit der menschlichen Natur zusammen. Selbst in den oben erwähnten außergewöhnlichen Fällen behalten sie ihre Bedeutung. Das heißt, daß solche unerwarteten und anscheinend oder auch wirklich unvorbereitete Erfahrungen nachher aufgearbeitet werden müssen, wenn das, was sie geben sollen, zum sicheren Besitz werden soll. Andernfalls bleiben sie eine schöne Erinnerung, aber der Mensch wird durch sie nicht umgewandelt, und die Erinnerung selbst verblaßt allmählich.

Wer aber nicht schon im voraus eine große Erfahrung oder Erleuchtung gehabt hat und nun Schritt für Schritt den mühsamen Weg zurücklegt, den Johannes vom Kreuz den Aufstieg zum Karmel nennt, soll sich nicht zu viel Kummer machen, wenn der Fortschritt nicht dem zu entsprechen scheint, was er erwartet hat. Seine Meditation wird dann der Blick ins Dunkel sein, von dem wir gesprochen haben. Man kann nicht genug betonen, daß nun alles auf die Beharrlichkeit ankommt. Es geht da ähnlich wie bei einem Lungenkranken, der eine Liegekur macht, um geheilt zu werden: Die Liegekur wird erst wirksam, wenn der Kranke gar nicht mehr an das Ende denkt; denn erst wenn er alle seine Sorgen vergessen hat, ist er wirklich bei der Sache. Aber der Situation des Meditierenden ist auch diese Überlegung nicht angemessen. Der Meditierende sollte das Wort des Evangeliums beherzigen: „Wenn ihr alles getan habt, sollt ihr sagen:

Wir sind unnütze Knechte." Er sollte bisweilen das 11. Kapitel im 2. Buch der Nachfolge Christi lesen, von der geringen Zahl der Liebhaber des Kreuzes Christi, wo es heißt: „Das ganze Leben Christi war Kreuz und Martyrium, und du suchst nur Ruhe und Freude."

Ist die Versunkenheit erreicht, so kann Verschiedenes eintreten. Entweder kommt es aus der Ichsphäre, oder ihm fehlt jede Ich-Qualität, und es wird als ein Ganz-Anderes, ein Fremdes empfunden. Bei dieser Unterscheidung geht es darum, ob das Ankommende ein eigentlich Absolutes oder Göttliches ist oder nicht, ob es sich um eine eigentlich mystische Erfahrung handelt oder nicht. Bei der sogenannten ‚Unterscheidung der Geister' dagegen ist zu prüfen, ob eine Anregung, die man fühlt, gut oder böse ist, ob man ihr folgen darf oder nicht. Dabei ist die Unterscheidung bisweilen nicht leicht, weil eine Anregung dem Schein nach gut sein kann, obwohl sie es in Wirklichkeit nicht ist. Die Unterscheidung der Geister ist auf jeder Stufe des geistlichen Lebens notwendig. Dagegen wird die Unterscheidung zwischen der Ich-Sphäre und der des ganz Anderen erst notwendig, nachdem der Mensch in den Zustand der tiefen Sammlung oder Innenschau gelangt ist oder außerhalb dieses Zustandes eine anscheinend mystische Erfahrung macht. Wer zur mystischen Vereinigung kommen will, muß in seiner Meditation alles, was aus der Ich-Sphäre kommt, ablehnen, gleich ob es gut oder schlecht ist. Diese Grundregel ist uns schon von Johannes vom Kreuz und der ‚Wolke des Nichtwissens' bekannt. Sie gilt auch im Zen, und zwar von Anfang an.

Gehen wir nun noch etwas näher auf die hier auftretenden Probleme ein; sie haben nämlich nicht nur theoretische, sondern auch praktische Bedeutung. Es gibt verschiedene Formen des Ankommenden, die nach Albrecht „für alle Inhalte des Ankommenden die gleichen sind, ob es neurotische, ob es telepathische oder ob es mystische Inhalte" sind (‚Psychologie', S. 163). An erster Stelle sei die visuelle und die auditive Form genannt, die beide in der christlichen und in der nichtchristlichen Spiritualität bekannt sind. Es werden z. B.

Gestalten von Heiligen gesehen oder Stimmen gehört, die ihren Ursprung sowohl in der Ich-Sphäre als auch in der ganz anderen haben können. Im letzteren Fall handelt es sich dann aber nicht um eine unmittelbare Erfahrung des Absoluten selbst, sondern um ein Ankommendes, das mystisch eingewirkt ist, in dem das ‚Umfassende' gegenwärtig ist. (Dieser von Albrecht gebrauchte Terminus vermeidet die Voraussetzung einer bestimmten Weltanschauung, dem ‚Umfassenden' entspricht im christlichen Bereich das Absolute, d. h. Gott.) Vom mystischen Einwirken kann freilich nur im Falle einer personalen Mystik, einer Mystik, die das Absolute als Person zur Voraussetzung hat, die Rede sein. Der Unterschied zwischen personaler und unpersonaler Erfahrung des Umfassenden wird später besprochen. Aus welcher Sphäre das Ankommende stammt, ist keineswegs von vornherein klar. Die Gefahr des Irrtums ist in den Bereichen des visuellen und des Auditiven besonders groß.

Die Frage, wie man sich gegenüber solchen Phänomenen verhalten soll, wird von christlichen Autoren verschieden beantwortet. Darin stimmen alle überein, man dürfe sich nicht auf sie einlassen, wenn es sich herausstellt, daß sie dem Empfänger moralisch oder sonstwie schaden können. Die Tatsache, daß sie während des Gebetes auftreten, ist noch keine Garantie für ihre Ungefährlichkeit. Falls aber alles dafür spricht, daß sie vom guten Geist kommen, so ist die Antwort nicht so selbstverständlich, wie man vielleicht meint. Sowohl die Lehrer des Jesusgebetes wie auch die Zenmeister lehren, daß man sich nicht darauf einlassen soll, ganz gleich, welchen Ursprungs sie sein mögen und ob sie inhaltlich gut oder schlecht sind. So urteilt auch Johannes vom Kreuz, der eine Begründung für seine Auffassung gibt: „Von allen diesen Wahrnehmungen und Visionen der Einbildungskraft und anderen Bildern und Eindrücken, welche sich in irgendwelcher Form oder einem Bild oder einer besonderen Erkenntnis darbieten, mögen sie nun unecht sein ... oder ... von Gott stammen, darf sich der Verstand nicht verwirren und einnehmen lassen. Aber auch die Seele darf sie nicht zulassen oder besitzen wollen, damit sie ungehemmt, entäußert, rein und lauter sei, wie es zur Vereinigung mit Gott notwendig ist. - Der Grund liegt darin, daß alle die genannten Formen sich . . . bei ihrer Wahrnehmung stets in irgendeiner beschränkten Art und Weise offenbaren. Die göttliche Weisheit dagegen, mit der sich der Verstand vermählen soll, kennt keine Art und Weise und ist erhaben über jede Schranke einer bestimmten Einzelerkenntnis; denn sie ist durch und durch lauter und einfach. Sollen sich nun zwei Gegenstände, wie die Seele und göttliche Weisheit es sind, miteinander vereinigen, dann müssen sie unbedingt in einer gewissen Art von gegenseitiger Ähnlichkeit zusammentreffen. Darum muß auch die Seele rein und einfach sein, nicht beschränkt und gebunden an irgendeine Einzelerkenntnis, nicht eingeengt von irgendwelcher Schranke von Form Gattung oder Bild, Gott ist zu erhaben über Form und Bild, erhaben über Einzelerkenntnis. Also muß auch die Seele, soll sie mit Gott eins werden, erhaben sein über Form und genau umgrenzte Begriffe" (‚Aufstieg zum Karmel', Ausgabe von P. Ambrosius a. S. Theresia O. C. D. München, 1937, S. 152).

Im Zen-Buddhismus geht es letztlich um die Erleuchtung oder Wesensschau, die auch eine Erfahrung des Absoluten ist. Daher läßt sich die Erklärung des Johannes vom Kreuz auch auf das Zen anwenden. Die heutigen Zenmeister betrachten alle diese Phänomene als Bilder, die aus dem entleerten Bewußtsein aufsteigen, die daher begrenzt sind und der Erleuchtung im Wege stehen. Zudem kommt selbst dem, was sie repräsentieren, nach buddhistischer Auffassung keine Wirklichkeit zu. Dazu kommt, daß es für den Buddhisten keine Möglichkeit echter Bilder oder Ansprachen gibt, weil er die Personhaftigkeit des Absoluten ablehnt, die genannten Phänomene eine Person voraussetzen, die sie bewirkt. Damit ist das Problem für das Zen erledigt.

Anders ist es im christlichen Bereich, wo man einen persönlichen Gott annimmt und daher die Möglichkeit besteht, daß dem Beter von Gott ein Auftrag gegeben wird, den er natürlich nicht ignorieren darf, wenn er die Überzeugung hat, daß Gott wirklich der Urheber ist. Solche

Phänomene kommen jedoch in den allermeisten Fällen aus der Ichsphäre. Man sollte daher nicht zu schnell annehmen, daß der Auftrag wirklich von Gott kommt. Es gibt Menschen, die, obwohl sonst normal, oft innere Stimmen hören. Falls sie sich beunruhigen, sollten sie zunächst zu einem Nervenarzt gehen und sich untersuchen lassen. Erst wenn, soweit es eben möglich ist, feststeht, daß die Ursache nicht Veranlagung oder Krankheit ist, sollte man einen geistlichen Führer um Rat fragen. Wenn wirklich ein Auftrag gegeben wird, wiederholt er sich und wird als solcher klar. Außerdem ist darauf hinzuweisen, daß man seinen Mitmenschen nicht unnötig zur Last fallen sollte. Denn sie sind niemals verpflichtet, an Privatoffenbarungen eines anderen zu glauben oder sogar daraufhin zu handeln. Geht es aber um innere Wahrnehmungen, wie sie Johannes vom Kreuz erwähnt, so darf man sich ohne Bedenken an die oben gegebene Weisung halten; denn selbst wenn sie wirklich von Gott sind, geht nach demselben Autor die damit verbundene Gnade nicht verloren. Sie wird nämlich so unmittelbar gegeben, daß der Empfänger sie nicht verlieren kann. Bevor er sie überhaupt ablehnen kann, ist sie ihm bereits zuteil geworden.
Das Gesagte gilt von Visionen und Worten. Etwas anderes ist es, sich Gott zu überlassen, wenn man sich im Grunde der Seele mit ihm vereinigt fühlt. Wenn dann Regungen oder Worte kommen, die nicht durch den eigenen Willen entstanden sind, sondern aus innerem Antrieb kommen, sollte man keinen Widerstand leisten, sondern diesem Antrieb Folge leisten, denn dann bewahrheitet sich das Wort: „Nun ist es Christus selbst, der in euch das Wort findet, das Wort der Liebe und des Vertrauens, wenn ihr ruft: Lieber Vater!“ (Gal 4,6) Wenn das aber nicht der Fall ist, sollte man sich nicht zum Sprechen mit Gott zwingen, etwa aus Angst, die Zeit sonst nutzlos zuzubringen.
Um die psychologische Situation zu erhellen, seien noch einige Gedanken aus der Tiefenpsychologie angeführt. „In dem ausgeprägten Bewußtseinszustand der Versunkenheit ist der Bewußtseinsraum leer von jeder sensori-

schen Wahrnehmung. Erlebnismäßig zeigen sich die geringen Reste der Wahrnehmungswelt lediglich als Wandreflexe, ohne daß von ihnen auch nur die geringste Wirkung auf das sonstige Geschehen ausgeht. Die Abblendung der Wahrnehmungswelt und die völlige Beziehungslosigkeit zu ihr ist ein wichtiger Teilvorgang von dem, was wir in der Versenkung als Herauslösung aus unserer Umwelt erfahren" (Albrecht, ‚Psychologie', S. 19). Die Sinne nehmen also nicht wahr, so daß man z. B. nicht sähe, obwohl die Augen geöffnet sind, sondern die Sinneswahrnehmungen bleiben gewissermaßen an der Schwelle des Bewußtseins stehen, so daß im Bewußtsein vollkommene Ruhe herrscht und etwas, das trotzdem hereinkommt, wirkungslos bleibt. Auch die sensitiven Reize, die vom eigenen Körper herkommen, z. B. Schmerzen in den Beinen, die beim Hocksitz anfänglich entstehen können, werden nicht mehr als solche empfunden; „das Schmerzerlebnis zerfällt bis hin zur einfachen Schmerzempfindung. Dadurch ist dem Schmerz seine Wirkungskraft schon weitgehend entzogen, aber auch die Schmerzempfindung selbst verliert während der Versenkung an Intensität" (a. a. O. S. 23). Der Schmerz fühlt sich manchmal an, als ob es der Schmerz eines anderen wäre. Er gleitet immer mehr in die Peripherie des Bewußtseins. Solche Phänomene sind den Zen-Übenden wohl bekannt. Sie sind ein Zeichen dafür, daß man tief in den Zustand der Versenkung eingedrungen ist. In dieser Meditation wird die gefühlshafte Struktur des Erlebnisgesamten immer mehr gegenüber der gedanklichen Struktur verstärkt. Das Fühlen durchdringt in zunehmendem Maße das Denken, und bildhaftes Erleben ersetzt gedankliches Erleben" (a. a. O. S. 57). Unter bildhaftem Erleben sind hier sowohl eigentliche Bilder, ‚Erscheinungen', wie symbolhafte Phänomene zu verstehen. Dieser ‚Umsatz' ins Bildhafte findet aber nicht bei allen Menschen in gleichem Maße statt. Es hängt davon ab, ob der einzelne dem verstandesmäßigen oder dem eidetischen Typus angehört. Sehr wahrscheinlich hängt es auch von der Art des Versenkungsweges ab, ob man z. B. das autogene Training oder die Zen-Methode wählt. Beim ersteren werden die Bilder benützt, beim letzteren radikal abgelehnt.

„Während der Versenkung wird die ‚Struktur' des Wachbewußtseins aufgelöst. - Diese Desintegration des Wachbewußtseins hat auch eine Wandlung des wachen Ichbewußtseins zur Folge. Sie ist eine Auflockerung, Auflösung, Auslöschung des Gefüges, welches auf den Ichpunkt hin bezogen ist. Die ‚mystischen' Formulierungen Ichauflösung, Ichentleerung, Ichverdünnung, Ichentwerdung, Untergang des Ichs haben diesen Sachverhalt als eine ihrer Grundlagen." Positiv gesagt heißt das: „Die Neuorientierung des Versunkenheitsbewußtseins ist eine Ausformung der rezeptiven und passiven Erlebniskreise des Ichs." Und trotzdem: „Im Versunkenheitsbewußtsein gibt es kein Phänomen, das als ein Erlöschen des Ichs angesehen werden kann" (a. a. O. S. 67).

Sehr wichtig ist die Feststellung: „Klarbewußt bin ich immer dann, wenn ich weiß, welche Akte in mir ablaufen, und wenn ich deutlich vor mir habe, welche Inhalte mir gegeben sind. In diesem Sinne zeigt das Versenkungsbewußtsein den höchsten Klarheitsgrad. Alle Inhalte des Bewußtseinsraumes, seien es Störungserlebnisse, seien es auftauchende Vorstellungen oder auch Gedanken . . ." (a. a. O. S. 71). Das kommt daher, daß die den Blick trübenden Hindernisse ganz oder in hohem Maße entfernt sind. Jeder, der in dieser Art meditiert, weiß aus Erfahrung, daß er sich in diesem Zustand bisweilen an Dinge erinnert, die er längst vergessen hatte, und daß er sich vielleicht schon nicht mehr an sie erinnern kann, sobald die Meditation beendet ist.

Diese Tatsache ist von höchster Bedeutung für die Bewertung dieses Bewußtseinszustandes und widerspricht eindeutig der vielfach herrschenden Meinung, daß man durch das Abstellen des ichgesteuerten Denkens, wie es in den Versenkungswegen geschieht, in einen dumpfen, menschenunwürdigen oder sinnlosen Zustand absinkt. Es ist eher umgekehrt: „Während im Wachbewußtsein das fließende Erleben im Dämmern geschieht und die punktförmigen Akte des Ichs in der Klarheit vor sich gehen, ist das Versenkungsbewußtsein gerade dadurch ausgezeichnet, daß das Erleben in gleichmäßiger Weise hell beleuchtet ist" (a. a. O. S. 76). Daher bezeichnet man die willkürlichen Akte des Ichs bisweilen als Widersacher der Seele. Bei Menschen, die erst am Anfang dieses Weges stehen, besteht freilich die Gefahr, daß sie durch das Nichtdenken in einen Zustand des Dösens sinken.

Die Zenmeister wissen das und achten streng darauf, daß das nicht vorkommt oder sofort berichtigt wird.

Über das Fühlen in der Versenkung ist noch zu sagen, daß dort alle Gefühle in zunehmendem Maße das Merkmal einer lange anhaltenden Dauer haben (vgl. a. a. O. S. 81). Von daher versteht man die Anweisung, die bei der Erklärung des Überganges von der gegenständlichen zur übergegenständlichen Meditation erwähnt wurde. Man soll zunächst die Verstandestätigkeit abstellen, dann die Willensbetätigung vereinfachen, indem man nicht viele einzelne Akte (Affekte) setzt, sondern einen einzigen längere Zeit anhält. Das geschieht im Versenkungsbewußtsein sozusagen von selbst dadurch, daß die Gefühle verlangsamt werden.

Obwohl jede Ich-gerichtete Tätigkeit aufhört, können irgendwelche Einstellungen oder erregenden Ichzuständlichkeiten, z. B. Reue, Schuld oder Beschämung, in das Versenkungsbewußtsein hineinreichen. Das ist, technisch gesprochen, nichts anderes als noch nicht ausgegliederte Störungsherde. Sie müssen beseitigt werden, wenn der Versenkungsprozeß weitergehen soll. Aber es wäre eine vorübergehende Lösung, wenn das durch Betäubungsmittel, Drogen oder dergleichen geschähe. Wenn eine endgültige Lösung gefunden werden soll, müssen sie durchlitten werden, ein sehr schmerzlicher Prozeß, der aus dem Leben der Mystiker hinreichend bekannt ist. Daraus erklärt sich, daß die Einsiedler der ersten christlichen Jahrhunderte darüber sagten, man müsse durch eine lange Periode der Tränen gehen, bevor man zur endgültigen Vereinigung kommen könne. Eine vorübergehende physisch-seelische Ruhe kann man durch andere Mittel erreichen, aber eine endgültige Heilung nicht. Ein erfahrener Psychiater hat einmal gesagt, in der Psychoanalyse müsse jeder Schritt vorwärts erlitten werden.

Das Folgende scheint aber der christlichen Auffassung von der Meditation zu widersprechen: „In dem Bewußtseinsraume der Versenkung finden wir kein Erlebnis des Du. Der Sich-Versenkende ist auf sich selber zurückgeworfen worden. Von dieser Sicht aus dürfen wir sagen: Während der Versenkung geschieht in zunehmendem Maße eine ‚Verarmung des Erlebens'" (a. a. O. S. 86). Aber es ist zu beachten, daß diese Darstellung rein phänomenologisch ist und sich auf konkrete Beobachtung an Personen stützt, und daß deswegen eine Stellungnahme metaphysischer oder wertender Art seitens des Verfassers (Albrecht) nicht gestattet ist. Es handelt sich da freilich wohl meistens um Personen, die sich einer Analyse aus medizinischen und nicht aus religiösen Gründen unterzogen. Außerdem handelt es sich hier um die Versenkung und noch nicht um den Endzustand des Versenkungsweges, die Versunkenheit. Es geht aber eben gerade darum, durch Ablehnung aller Gedanken erst sozusagen durch eine Es-Schicht zu gehen, um in jenen Zustand zu kommen, der für eine tiefere Begegnung mit dem göttlichen Du normalerweise die Voraussetzung ist. Insofern ergibt sich auch aus dieser tiefenpsychologischen Untersuchung, daß es richtig ist, sich während der Versenkung nicht in gegenständlicher Weise in Gedanken mit Gott zu beschäftigen, wie man es gewöhnlich im mündlichen Gebet tut. Daß trotzdem auch während der Versenkung von innen her, d. h. gnadenhaft, eine echte Begegnung mit dem Du stattfinden kann und auch stattfindet, wurde bereits gesagt. Desgleichen wurde über die dann zu beachtende Verhaltensweise gesprochen.
Schematisch kann man sich den Wandel in der Subjekt-Objekt-Spannung - darum geht es hier - so vorstellen: 1. Im Tagesbewußtsein ist diese Spannung normalerweise vorhanden. 2. In der ersten Versenkungsstufe bemüht man sich noch in etwa gegenständlich; in der zweiten Stufe ist man passiv geworden, die Spannung ist mehr oder weniger aufgehoben. 3. In der Versunkenheit ist die Leere in völliger Klarheit vorhanden, und in der Innenschau wird ein Gegenstand klar gesehen, der bisher nicht sichtbar war. 4. In der Ekstase - dem nächsten Bewußt-

seinszustand - ist die Innenschau und mit ihr die Subjekt-Objekt-Spannung vollkommen aufgehoben. Das Ich wird nicht mehr unmittelbar wahrgenommen. Nur darf man nicht vergessen, daß eine schematische Darstellung eines Vorganges wie der Versenkung niemals vollkommen zuverlässig ist. Es gibt immer zahlreiche Nuancen und Möglichkeiten. Der Geist weht, wie und wo und wann er will. Die große ‚Kunst' besteht darin, sich von ihm ganz leiten zu lassen. Gott ist das letzte Ziel aller christlichen Meditation und Mystik. Wo Er sich finden läßt, ob es in ein Schema paßt oder nicht, dort sollten wir in steter Bereitschaft und Demut auf seine Gnade antworten. Im allgemeinen aber gilt: „Während der Versenkung findet eine Verschiebung in dem Sinne statt, daß erstens die gegenstandsbetonten, gerichteten Gefühle immer mehr zurücktreten gegenüber den gerichteten Gefühlen, welche auf die Selbstsphäre zurückgezogen sind, daß zweitens innerhalb der letzteren die Gefühle als gegenwärtig im Bewußtsein zunehmen, welche eine Daseinsbereicherung bedeuten und welche in positiver Weise auf die Zukunft ausgerichtet sind" (a. a. O. S. 89). Was hier gesagt wird, stimmt im Grunde mit dem überein, was die christlichen Mystiker gesagt haben. So schreibt z. B. Jan von Ruysbroeck, daß jedes Geschöpf eine Neigung zu seinem Ursprung habe und eben dort seine Ruhe finde. Noch klarer vielleicht heißt es bei Tauler: „Der Mensch schlafe oder wache, er wisse es oder wisse es nicht, er hat ein gleichförmiges, unendliches ewiges Rückwärtsschauen auf Gott. Dies Gemüt, dieser Grund ist so eingepflanzt, daß die Pflanze ein ewiges Reißen und Ziehen nach sich hin hat." (Vgl. Weilner, Johannes Taulers Bekehrungsweg, Regensburg 1961, S. 108.) Daher dringt auch Tauler immer wieder auf die „Kehre", die Einkehr in den Seelengrund.

Ein weiteres Phänomen, das während der Versenkung auftreten kann, das kurz besprochen werden sollte, ist eine gewisse Angst. „Im Wachbewußtsein war die Angst gleichsam verdeckt durch die Fülle der Bewußtseinsinhalte, durch die feststellenden, punktsetzenden aktiven Willenshandlungen und Denkverläufe. Während der Versenkung bricht die Angst herein in das Bewußtsein, und so entstehen die schwerwiegendsten Störungserlebnisse" (a. a. O. S. 93/94). Diese Angst oder Unruhe kann verschiedene Ursachen haben. Sie kann beruhen auf einer leiblichen Unruhe, wie sie Eigentümlichkeit vieler Menschen ist, oder auf Besorgnissen und Befürchtungen und ähnlichen Gefühlen, die aus dem Tagesbewußtsein nachwirken, oder auf einer freiwerdenden Erregungsform aus der Tiefe der Existenz heraus. Bei seelisch gesunden Menschen dürften diese Arten der Unruhe weniger häufig sein und bei vielen Menschen gar nicht vorkommen. Wohl aber kann in der fortgeschrittenen Versenkung eine Angst vor dem entstehen, was kommen könnte, wenn man auf diesem Wege weitergeht. Diese scheint sogar ziemlich häufig der Fall zu sein, wenn man an einem bestimmten Punkt angekommen ist. Von dieser Angst sollte man sich jedoch nicht aufhalten lassen, sondern im Vertrauen auf Gott vorangehen. Nur muß man dabei fest entschlossen sein, auf alles zu verzichten, wenn dieser Verzicht verlangt werden sollte. Dort stehenbleiben wäre ein Verlust und ein Beweis dafür, daß man vor dem eigenen endgültigen Entschluß zurückschreckt. Außerdem verliert oder vermindert sich diese Angst in vielen Fällen, wenn man ganz ruhig weiter vorangeht. Was man fürchtet, ist oft gar nicht so nahe, wie man meint. Man muß also zwischen Angst und Angst unterscheiden. Wenn es eine psychisch krankhafte Unruhe ist, sollte man jemanden um Rat fragen, der sich auskennt. Wenn dagegen die Angst nichts anderes ist als Mangel an Mut und Gottvertrauen, dann sollte man dagegen angehen. Oft ist hier ein sehr kritischer Augenblick für den Menschen, der bisher in aller Aufrichtigkeit und mit großem Eifer nach dem Besten gestrebt hat. Nun kommt unerwartet ein Anruf, der ihn vor eine große Entscheidung stellt: Entweder - Oder. Sein ganzes inneres Leben hängt davon ab, ob er großmütig sein Jawort spricht oder kleinmütig versagt, wie es von dem reichen Jüngling im Evangelium heißt: Er ging traurig hinweg.

In Verbindung mit der Versunkenheit war wiederholt von der Innenschau die Rede, und es wird gut sein, noch einmal im Zusammenhang zu sagen, was darunter zu verstehen ist. Zunächst ist festzuhalten, daß die Innenschau aufs engste mit der Versunkenheit verbunden ist. „Überall da, wo das Versunkenheitsbewußtsein vorhanden ist, ist auch die Funktion der Innenschau in einer notwendigen Zuordnung zu denken" (a. a. O. S. 103). Sie ist also jene Funktion, die in den tieferen Gebetsweisen und mystischen Erfahrungen ausgeübt wird. Sie ist also - um mit Hugo von St. Victor zu sprechen - das Auge der Kontemplation, das durch die Sünde erblindete und das wir wieder zum Sehen bringen möchten. Zunächst ist zu sagen, daß die Innenschau zwar eine Form der Innenwendung, aber keine wachbewußte willentliche Selbstreflexion ist. Die Innenschau wird durch folgende Bedingungen bestimmt: 1. Überklarheit. 2. Entleerung des Bewußtseinsraumes von allen Inhalten und Akten, die nicht der Gegenstand sind, welcher in der Innenschau erfaßt wird, und nicht der Vorgang der Innenschau selbst sind. 3. Verlangsamung aller Verläufe im Bewußtsein. 4. Restlose Passivität des Ich. (Vgl. a. a. O. S. 103.) Die Innenschau ist also keine Wahrnehmung oder gar Trugwahrnehmung. Sie ist auch keine Konzentration. Auch die Versenkung ist keine Konzentration, sondern eine Sammlung, die in Stetigkeit auf die einheitliche Klarheit des Bewußtseinszustandes der Versunkenheit und damit auch zur Innenschau hinführt. Es handelt sich auch nicht um das somnambulante Bewußtsein, dem die Klarheit fehlt. Endlich ist auch das hypnotische Bewußtsein etwas anderes, insofern es einzig und allein durch den Rapport zum Hypnotiseur gefügt ist. Im einzelnen auf die genannten Grenzgebiete einzugehen ist nicht möglich, und wir verweisen dafür auf die Fachliteratur. Normalerweise gelangt man durch einen Versenkungsweg zur Innenschau. Aber es kommt auch vor, daß sie sich ohne solche Vorbereitung einstellt, genauer gesagt: die Versunkenheit, die die Voraussetzung der Innenschau ist, stellt sich ein. Die Versenkung führt also zur Versunkenheit, und der Versunkenheit ist die Innenschau zugeordnet als einzige Funktion eines nur noch passiv erlebenden Ichs (a. a. O. S. 106). Versunkenheit ist „ein

Bewußtseinszustand, welcher sich phänomenologisch selbständig gegen die Nachbarbereiche klar abgrenzt. Das Versunkenheitsbewußtsein gehört dem Menschsein zu als ein ordnungsmäßiger und gesunder Bewußtseinszustand, der entweder durch eine Versenkung aufgebaut wird, oder der sich ohne einen solchen vorauslaufenden Vorgang unmittelbar einschalten kann" (a. a. O. S. 120).
Wir haben bisher nur von einem psychologischen Zugang zur Versunkenheit gesprochen. Nun ist aber die Versenkung offenbar ein leib-seelischer Vorgang. Es sollte daher auch somatische Zugänge zur Versunkenheit geben oder, besser gesagt, somatisch-psychologische Zugänge. Diese Möglichkeit wird schon seit Jahrtausenden in den östlichen Religionen des Hinduismus und Buddhismus verwirklicht, neuerdings auch im Westen durch Methoden wie das autogene Training. Wir sind uns schon im ersten Teil unserer Darstellung darüber klar geworden, daß für den heutigen Menschen der westlichen Kultur die körperlichen Hilfen zur Notwendigkeit geworden sind. Im Hinblick auf die inneren Zusammenhänge, wie sie uns inzwischen klargeworden sind, ist es sogar selbstverständlich, daß auch der somatische Zugangsweg, wenn auch nicht separat vom seelischen, benutzt wird. Es ist eigentlich überraschend, daß man das im Westen bisher kaum getan hat und erst jetzt durch die östlichen Kulturen darauf aufmerksam geworden ist. Freilich hat man sie auch dann zunächst als pelagianisch und als mit dem Christentum unvereinbar abgelehnt. Heute gehen viele in das entgegengesetzte Extrem und meinen, der Buddhismus sei als Ganzes die Lösung der religiösen Frage, auch für den Westen. Gewiß gibt es immer Ausnahmen, und jeder soll da seinem eigenen Gewissen verantwortlich folgen. Aber allgemein gesprochen kann der Westen seine zweitausendjährige christliche Kultur nicht verleugnen. Ein Deutscher, der Buddhist geworden war, fragte den Schreiber dieser Zeilen einmal, ob er einen westlichen Buddhismus für möglich halte. Der Gefragte wußte nicht recht, was er dazu sagen sollte, aber der deutsche Buddhist nahm ihm die Antwort ab und sagte, er selbst halte das nicht für möglich.

Hier drängt sich eine Frage auf, die zwischen beiden Extremen liegt: gibt es leichtere und schneller zum Ziel führende Methoden, das Versenkungsbewußtsein herzustellen, als die, welche wir in Ost und West bisher kennen? Die Drogen, an die man heute zuerst denken könnte, wurden schon erwähnt. Wir möchten trotzdem, wenn auch nur kurz, noch einiges darüber im Zusammenhang sagen. Manche Leute, besonders solche, die weder in den genannten Versenkungswegen noch in der Anwendung von Drogen oder ähnlichen Mitteln Erfahrung haben, die also ihre Sachkenntnis nur aus Beschreibungen schöpfen, lassen sich - so scheint es - allzu schnell zu einem abgeschlossenen Urteil verleiten und die Wirkungen als identisch ansehen. Gewiß gibt es Gefühle, die bei beiden Methoden auftreten oder auftreten können. Aber in diesem gemeinsamen Bereich ist die Wirkung der Droge an ihrem Ende, im Stadium ihrer Höchstleistung, während der Versenkungsweg, wie wir ihn beschrieben haben und wie er in den höchsten Stufen des samadhi und zanmai vollzogen wird, keineswegs an seinem Ende, sondern eigentlich erst in seinem Anfang ist. Wer würde behaupten, daß der durch die Drogen bewirkte Zustand sich durch Überklarheit und andere Merkmale der Innenschau auszeichnet? Und ist es je erwiesen worden, daß jemand durch Drogen in seiner Berufsarbeit eine höhere Leistungsfähigkeit erlangt habe, nachdem er aus dem Rausch erwacht ist? Die Zenübungen dagegen erhöhen die Konzentrationskraft und die intuitive Erkenntnisfähigkeit. Dazu kommen die Auswirkungen auf das religiöse Leben, auf die wir hier nicht näher eingehen können. Die Übereinstimmungen beider dürften in der Hauptsache auf somatischem Gebiete liegen, während es bei den genannten Versenkungswegen in erster Linie um das Geistige geht und die somatischen Wirkungen als Begleiterscheinungen anzusehen sind.
Es ist durchaus möglich, daß es einem Menschen, der nicht mit sich fertig werden kann - wenn man es einmal so sagen darf -, eine Hilfe ist, durch Anwendung mechanischer Mittel einmal für einige Stunden sozusagen aus seinem ‚Dreck' herauszukommen. Unter Umständen ist

das sogar anzuraten; es ist sicher besser, als vollständig zu verzweifeln und sich das Leben zu nehmen. Allerdings muß man ihn dann darauf aufmerksam machen, daß es Drogen gibt, die süchtig machen, und solche, die es nicht tun. Mit den ersteren würde man den Teufel durch Beelzebub austreiben, und es wäre einem doch nicht wirklich geholfen.

Aber könnten nicht die Drogen helfen, einen gewissen Vorsprung zu gewinnen, mit dem man dann in einen echten Versenkungsweg einsteigen und schneller zum Ziel kommen würde? Auch das scheint ein Fehlschluß zu sein. Denn wie aus den beschriebenen Sachverhalten hervorgehen dürfte, ist die seelische Lage bereits am Anfang des Versenkungsweges doch eine ganz andere; die Anwendung der Droge dürfte sich daher vielleicht sogar als ein Hindernis für einen echten Fortschritt auf dem Versenkungswege erweisen. Das Verhältnis ist jedenfalls nicht das gleiche wie z. B. bei Entspannungsübungen, die man zur Vorbereitung auf die Meditation macht.

Die Versunkenheit

Wir sprachen schon wiederholt von der Versunkenheit und der damit verbundenen Innenschau, obwohl es dabei in erster Linie um die Versenkung, d. h. den Versenkungsweg, ging. Aber die Dinge lassen sich auf diesem Gebiete nicht immer so klar voneinander trennen. Darum soll nun noch einiges über die Versunkenheit als solche gesagt werden.

Vielleicht hat man aus den vorhergehenden Darstellungen den Schluß gezogen, daß das Versunkenheitsbewußtsein noch nicht einfachhin leer ist. Das ist es auch nicht. In diesem Sinne sagen auch die Zenmeister, das ‚Munenmiso', d. h. ‚ohne Begriffe und ohne Gedanken', bestehe nicht darin, daß keinerlei Gedanken auftauchten, sondern darin, daß man sich nicht darum kümmere. Carl Albrecht sagt dazu: „Entleerung des Bewußtseinsraumes bedeutet im konkreten Versunkenheitsbewußtsein nicht, daß alles Erleben erloschen ist, sondern, daß die durch sekundäre Einstellungen aktivierten Erlebnisabläufe einziger Inhalt des Bewußtseins sind, daß sie also, ungestört und unbeeinflußt durch jedwedes andere Erleben, entsprechend ihrer eigenen Dynamik ablaufen können" (a. a. O. S. 132). Es geht darum, daß die Innenschau ihre Funktion ausführen kann, daß das, was aus der Ich-Sphäre oder der ganz anderen Sphäre kommt, der Innenschau zum Objekt wird, sei es, daß sie ihm zuschaut als einem selbständig ablaufenden, sei es, daß sie es anschaut als ein Ankommendes (vgl. a. a. O. S. 132).

In diesem Zusammenhang ist noch darauf hinzuweisen, daß es auch eine Verabsolutierung des Versunkenheitsbewußtseins gibt, ohne Objekt im oben beschriebenen Sinne. Die leere, klare und bewegungslose Ruhe kann zu einem umfassenden und höchsten Wert werden, dem das schauende Ich so hingegeben ist, daß es in seinem Enderlebnis darin untergeht. Das sind Erlebnisweisen, wie man sie im Quietismus und in etwa auch im Buddhismus beobachtet. Was im übrigen davon zu halten ist, lassen wir hier unbeantwortet. Nur möchten wir darauf hinweisen, daß man buddhistische Erlebnisweisen nicht einfachhin mit Quietismus identifizieren darf.

Im übrigen ist das Versunkenheitsbewußtsein für ein Auftauchen bildhafter Vorstellungen und anderer Phänomene, die wir als Ankommendes bezeichnet haben, geöffnet. Wir sprachen schon von einigen Formen des Ankommens. Hier möchten wir noch eine Form kurz erwähnen, die uns besonders interessiert. Es ist die Form der Intuition. Man erkennt eine Wahrheit oder einen Sachverhalt plötzlich sehr klar. Es sind eben jene Erkenntnisse, von denen z. B. die ‚Wolke des Nichtwissens' spricht, die unerwartet gegeben werden, obwohl man noch nicht zur mystischen Vereinigung gelangt ist. Sie werden denen gegeben, die sich um die übergegenständliche Meditation bemühen, da sie die intuitive Erkenntnis fördert und so den Geist auch für den Empfang des göttlichen Lichtes empfänglicher macht.

Zwar keine Form des Ankommens, wohl aber von hohem Wert ist das Schweigen in der Versunkenheit. „Das Schweigen in seiner herrschenden Gewalt ist ein im Bewußtseinsraum der Versunkenheit evidenter Zustand des ‚Selbstes', eine Stufe der Selbstwerdung, eine Herauslösung aus den bisherigen Bindungen, eine ‚schöpferische Pause', ein Verhalten des Willens und der Aktivität in der Hingabe an eine Stille, die schöpferisch ist." Dieser Zustand hat „zunächst eine Es-Qualität . . ., von der kein Bewußtsein besteht". So sagen auch die Zenmeister: Das eigene Zanmei kennt man nicht. Es ist „Zwielicht eines Grenzphänomens zum mystischen Bereich hin . . ." (a. a. O. S. 192). Es ist die Wolke des Nichtwissens, durch die man gehen muß. Dieses Schweigen und ‚Nichtstun' ist also keineswegs Zeitverlust. Eine andere Form des Ankommens sind auf dieser Stufe symbolische Bilder, die mit großer Klarheit gesehen werden. (Für die übrigen Formen siehe C. Albrecht a. a. O. S. 156 ff., S. 181 ff. und S. 245 ff.)

Die nächste Stufe, die auf die Versunkenheit folgen kann, ist das ekstatische Bewußtsein, das schon kurz erwähnt wurde. Es bedeutet die Aufhebung der Subjekt-Objekt-Spannung, die in der Innenschau noch besteht.

Die Innenschau ist also nicht ekstatisch, sondern zerstäubt in der Ekstase und im Einbruch das Satori, das Einheitserlebnis ist. Man muß also nicht in eine Trance kommen, um das Erlebnis der Zenerleuchtung haben zu können, wie manchmal behauptet wird, sondern im Augenblick der Erleuchtung tritt der ekstatische Zustand ein, oder er kann eintreten. In der Erleuchtung wird die Spannung von Subjekt und Objekt aufgehoben.

Das ekstatische Bewußtsein ist ein Urphänomen des Erlebens, das nicht mit Mystik identifiziert werden darf. Es gibt wohl eine mystische Ekstase. Aber auch der bewußte Mensch kennt ungezählte Erlebnisse, in denen die Subjekt-Objekt-Spannung weitgehend aufgehoben ist. Man sollte überhaupt nicht zu schnell als mystisch bezeichnen, was eine gewisse Ähnlichkeit mit echten mystischen Erfahrungen zu haben scheint.

Wir haben versucht, uns das Geschehen in den tieferen Meditations- und Gebetsweisen mit Hilfe der Tiefenpsychologie etwas klarer zu machen. Gewiß ist die Darstellung unvollkommen und lückenhaft, aber sie kann einem doch helfen, gewisse Bedenken abzulegen und, soweit es notwendig ist, mit Vorsicht voranzugehen. Ohne Zweifel ist die Kenntnis der Tiefenpsychologie auf diesem Gebiete von großem Wert für jeden, der sich entschlossen hat, diesen Weg zu gehen, besonders aber für alle, die andere dabei zu leiten haben. Die religiöse Wertung des Geschehens ist freilich nicht Sache der Tiefenpsychologie. Der Wert hängt weitgehend vom Ziel der Versenkung ab. Je nachdem etwas zu diesem Ziel hilft oder hindert, wird es positiv oder negativ bewertet. Wer z. B. sein wahres Selbst auffinden will, hat ein klares Bewußtsein davon, daß die Idee des Selbst ein ‚Urwert' seines Lebens ist, und daß die Begegnung mit diesem ‚Urbilde' innerhalb des Versunkenheitsbewußtseins eine hochrangige Erlebnisform ist (vgl. a. a. O. S. 201). Dem entspricht die Regel zur Unterscheidung der Geister: Alles, was beunruhigt, ist negativ, was den Frieden der Seele begünstigt, positiv zu bewerten.

Das mystische Bewußtsein

Hier geht es nun um die eigentliche mystische Erfahrung. In diesem Zusammenhang ist das ‚Umfassende' klar zu bestimmen: „Ein Ankommendes wird ein Umfassendes genannt, wenn es von dem Versunkenen so erlebt wird, als ob es ein aus fremder Sphäre herkommendes, schlechthin letztes unerkanntes Sein sei, auf dessen ganzheitliche Einheit alle vergangenen, gegenwärtigen und zukünftigen Erlebnisgehalte in unerkennbarer Weise Bezug haben" (a. a. O. S. 218). Es wird also als ein letztes, aber doch unerkanntes Sein erlebt. Es wird so erlebt, daß an seiner Gegenwart kein Zweifel bleibt, obwohl es nicht in seiner eigenen Form erkannt wird. Es hat eben keine Form und keine Weise; denn das würde Beschränkung bedeuten. Vielmehr wird es unter einer anderen Form erlebt, die es nicht selbst ist, etwa in der Weise der Intuition.

Das Umfassende, die letzte Wirklichkeit, das Absolute kann als apersonal und als personal erlebt werden. Daß beides möglich ist, steht aus Erfahrung fest. Die Echtheit der Erfahrung des Seins im Sinne des Umfassenden, wie wir sie von den asiatischen Religionen kennen, grundsätzlich zu bezweifeln, wäre unberechtigt, und man wird es auch vom christlichen Standpunkt aus kaum mehr tun. Z. B. in der Zen-Erleuchtung wird das Sein unpersönlich, bei den christlichen Mystikern persönlich. C. Albrecht urteilt: „Die allumfassende Ruhe ist zeitlose Leere und absolutes Nichts, und damit wird schon gesagt, daß sie restlos apersonal ist. Der Buddhismus weiß theologisch denkend von dieser apersonalen Beschaffenheit des Nirvanas. Für den christlichen Mystiker ist die Erlöschung des Ichs in der leeren, klaren zeitlosen Ruhe eine ‚sancta indifferentia', ein völliges Verlorensein im Willen Gottes, oder sie ist die ‚Stille Einöde', wo niemand zu Hause ist . . . Wüste der Gottheit . . ." (a. a. O. S. 224). Das Nirvana wird freilich verschieden interpretiert. Der Hinayana-Buddhismus (kleines Fahrzeug) neigt zu einer negativen Auffassung, während das Nirvana nach dem Myhayana (großes Fahrzeug) einen positiven Sinn hat: ein Nichts als ein bedingungsloser Zustand, zugleich ein Zustand vollkommener Freiheit. Jedenfalls betrachtet der Buddhismus das Sein nicht als Person und kennt keinen Gott. Der Zen-Buddhist sieht daher in der Erleuchtung die Bestätigung seiner Lehre von der Alleinheit.

Andererseits ist es ebenso unzweideutig klar, daß die gleiche Erfahrung bei den christlichen Mystikern personal ist. Die Unterscheidung zwischen beiden Erfahrungen kann in ausreichender Klarheit durchgeführt werden, „da die dem Umfassenden anhaftende apersonale oder personale Erlebnisqualität erstens immer in Evidenz und Klarheit bewußt ist, und zweitens derart bedeutungsschwer für den Erlebenden ist, daß das antwortende Fühlen völlig unterschiedlich abläuft. Das Ankommen eines personalen Umfassenden ist eine Begegnung mit einem Du, das nicht nur eine sich auswirkende, sondern eine von sich aus handelnde Wesenheit ist, die als Person mit dem versunkenen Ich umgeht. Das Ich wird nicht nur betroffen, sondern es wird angeredet, aufgerufen, mit Verantwortung belastet, bewertet und geliebt" (a. a. O. S. 241). „Der personale Bezug haftet diesen Erlebnisgehalten unlösbar und mit Evidenz an" (a. a. O. S. 242). Um das Umfassende, den höchsten Wert, bildet sich eine Wertsphäre, und auf der Seite des Erlebenden entsteht eine Unwert-Sphäre. Alle Gefühle, mit denen der Erlebende dem Du zu antworten versucht, sei es Dank, Verlangen oder Liebe, werden unmittelbar als ungenügend abgewertet. Von diesem Phänomen weiß auch die ‚Wolke des Nichtwissens': „Wundersam wandelt sich der Seelenzustand eines Menschen, wenn er dieses Nichts geistlich fühlt und es in dem Nirgends gewirkt wird. Wenn die Seele zum erstenmal darauf blickt, wird sie ihre sündigen Taten ... darin ausgemalt finden ... Soweit hinein kommen viele; aber weil die Pein, die sie fühlen, so groß ist und weil ihnen der Trost mangelt, kehren sie zurück zur Betrachtung von leiblichen Dingen und suchen außen fleischlichen Trost, statt des geistlichen, den sie noch nicht verdient haben, der aber ihr

Lohn gewesen wäre, hätte sie dort ausgeharrt (,Wolke des Nichtwissens', S. 85). „Im Angesichte des handelnden Du wird die Seele so lange im Feuer der Abwertung gebrannt, bis ihre Möglichkeit zu lieben dem absoluten Wert des Du gemäß ist." So erklärt sich auch, daß die Mystiker durch solche Erfahrungen ganz spontan in der Demut bestärkt werden, anstatt dem Hochmut zu verfallen.

Zum personalen Erleben des Umfassenden gehört die unanschauliche Bewußtheit Seiner Anwesenheit: Er wird nicht gesehen, aber als an einem bestimmten Ort, z. B. im Inneren des Herzens, als gegenwärtig empfunden. Diese Erlebnisweise wird in der mystischen Theologie ,intelektuelle Vision' genannt. Das unbezweifelbare Bewußtsein der Gegenwart Gottes im eigenen Herzen ist allen christlichen Mystikern gemeinsam und wird als das Wesen der mystischen Erfahrung angesehen. Die Erfahrung dieser Gegenwart ist immer mit einem tiefen Frieden und einer alles Natürliche überragenden Freude verbunden.

Der Unterschied zwischen apersonaler und personaler Erfahrung des Absoluten erklärt am besten den Unterschied zwischen der höchsten Erfahrung der nicht-christlichen Religionen und der christlichen Mystik. Beide Erfahrungen sind, sofern sie echt sind, Erfahrungen des absoluten Seins. Aber was heißt hier ,echte' Erfahrung? Diese Frage ist selbstverständlich von großer Wichtigkeit für jeden, der diesen Weg gehen will oder andere darin zu leiten hat. Zunächst sei einiges über die Ruhe gesagt, die in der Versenkung bzw. Versunkenheit erfahren wird. Sowohl in der christlichen als auch in der nicht-christlichen Mystik ist das Phänomen der Ruhe bekannt. Das Gebet der Ruhe wurde schon erwähnt; zuletzt war die Rede von der allumfassenden Ruhe, die in der buddhistischen Versenkung gewissermaßen verabsolutiert wird. Die Ruhe beginnt vom Körper her, jedenfalls bei allen Versenkungsweisen, in denen der Körper als ein Faktor mitwirkt. Die Ruhe, die man so erfährt, hat also noch nichts mit mystischer Erfahrung zu tun. Wohl ist sie eine Voraussetzung oder Vorbereitung für die psychische

Ruhe, die ihrerseits von großem Nutzen für die Meditation ist. Auch die Zenmeister kennen diese Zusammenhänge gut und warnen stets davor, bei dem angenehmen Gefühl der Ruhe stehenzubleiben. Es gibt eine echte tiefe Ruhe in Gott, in der sich die Seele nach der Lehre der Mystiker still verhalten soll. Aber selbst an sie soll man keine ungeordnete Anhänglichkeit aufkommen lassen. Im Einzelfalle ist es oft schwer zu entscheiden, welcher Art diese Ruhe ist. Hinzu kommt noch, daß man aus dieser Ruhe herausgleitet, wenn man darüber reflektiert und festzustellen versucht, ob es die ‚allumfassende' Ruhe ist. Die Zenmeister pflegen in ihrer drastischen Art zu sagen, man soll das Zen nicht unter die Nase halten, um daran zu riechen. Andererseits sollte man nicht übersehen, daß die echte Ruhe ein Grenzphänomen des Umfassenden ist. Da muß man wieder, wie Tauler sagen würde, durch zwei Örtelein mitten hindurchgehen, wie zwischen Hoffnung und Furcht.

Allgemein gelten in der Beurteilung der Echtheit von mystischen Erfahrungen folgende Richtlinien. „Jede Stufe der Entbilderung vermehrt den Echtheitscharakter und vermindert die Täuschungsmöglichkeiten." „Die Reihe abnehmender Bildhaftigkeit ist der Reihe zunehmender Präsenz gleichzusetzen. Die Reihe zunehmender Bildhaftigkeit ist der Reihe abnehmender Präsenz gleichzusetzen" (Albrecht, ‚Erkennen', S. 197 u. 208). Hier geht es um die Präsenz des Absoluten. Diese Regeln entsprechen dem bereits Gesagten und sind in West und Ost für die mystischen Erfahrungen anerkannt. Eine ausführlichere Erklärung dürfte sich erübrigen. Die Schwierigkeit liegt eher in ihrer praktischen Anwendung, zumal, wenn es sich um das eigene Erlebnis handelt. Bei manchen Versenkungsweisen werden zwar Bilder verwendet oder auftretende Bilder benutzt, aber auch dort müssen sie schließlich verschwinden bzw. unbeachtet bleiben, wenn es zu einer Präsenzerfahrung mystischer Art kommen soll.

Wenn aber einmal alle Bedingungen erfüllt sind, dann besitzen die mystischen Erfahrungen eine große Zuverlässigkeit: „Es sind keine Phantasievorstellungen, sondern wirkliche Sachverhalte, wenn der Mystiker behauptet, daß innerhalb der Versunkenheit Selbsttäuschungen und Selbstlügen keinen Bestand haben, daß er vor den Spiegel der Wahrheit gestellt und daß er ein Purgatorium erleidet ... In der Begegnung mit dem personalen Du wird dem Ich ein Bereich des Fühlens verfügbar, der es befähigt, im wachbewußten Dasein liebend für den Mitmenschen geöffnet zu sein" (Albrecht, ‚Psychologie', S. 250). Dieses liebende Geöffnetsein ist immer eine charakteristische Eigenart der christlichen Mystiker gewesen. Wir finden sie auch in nicht-christlichen Religionen, besonders bei ihren Mystikern, obwohl der Weg dahin, theologisch gesehen, bei beiden sehr verschieden ist.

Obwohl die Umwandlung schon während der Versenkung beginnt und in der Versunkenheit beständig fortschreitet, ereignet sich das Zentralerlebnis bei den großen Mystikern doch wohl meistens in der Ekstase. Was in der Ekstase geschieht, ist dem Zugriff einer psychologischen Untersuchung freilich entzogen. „Aber in Projektion vom Standpunkt der Versunkenheit her können wir begreifen, daß der Verlust des Ichbewußtseins, das Überwältigt-werden durch das ankommende Du und die Entflammung in einem sonst nie gekannten Gefühl der Liebe als höchstrangige Erlebnisform vom Erlebenden gewertet wird, und daß der Gehalt dieser ‚Einigung' unverlierbar und immer wirksamer Bewußtseinsbesitz bleibt." Der Jahrhunderte hindurch nie abreißende Strom der Mystik verbindet eine große Zahl von Persönlichkeiten, deren Leben durch die mystische Einstellung bestimmt wurde. Es sind Gestalten ausgeformter individueller Prägung, Menschen, denen ein Reichtum religiösen Erlebens geschenkt wurde, der in seiner Gesamtheit niemals einer formalen Analyse unterworfen werden kann ... Dem Mystiker ist vor allem nichts so wertvoll wie das ungeheure Geschehen in der ekstatischen Einigung. Für den Psychologen aber bleibt die Ekstase ein Grenzphänomen des Versunkenheitsbewußtseins ... Eins ist sicher. Auch der denkende Mystiker weiß, daß die mystische Ekstase ein Ausnahmezustand ist, den er als seltenes oder gar einmaliges zentrales Ereignis in seinem Leben wertet, während er die Aufeinanderfolge der Versunkenheitsstunden als die geordneten, klaren und gesunden Wege erkennt, auf welchen die Begegnung mit dem Umfassenden geschehen kann" (a. a. O. S. 251/2). Das zuletzt Gesagte sollten wir nie vergessen. Mit den Versunkenheitsstunden sind natürlich die Meditationsstunden gemeint.

Das mystische Erkennen

Es ist immer die Überzeugung der Mystiker gewesen, daß ihnen die mystische Erfahrung eine zuverlässige Erkenntnis vermittelt. So ist ihnen vor allem die Präsenz des Umfassenden - christlich gesprochen: Gottes - im eigenen Herzen mit unbezweifelbarer Evidenz bewußt geworden. Von dieser Präsenz wußten sie schon vorher kraft ihres christlichen Glaubens. Aber es war für sie eine dunkle Erkenntnis, der gegenüber ein Zweifel immer möglich bleibt, selbst wenn keine vernünftigen Gründe dafür zu bestehen scheinen. In der mystischen Erfahrung dagegen wird jeder Zweifel unmöglich, genau so wie man an der Gegenwart eines Menschen, den man vor sich stehen sieht, nicht zweifeln kann. Dasselbe gilt auch von gewissen Erfahrungen in anderen Religionen. Man kann z. B. von der Zen-Erleuchtung sagen, daß sie „ohne Zweifel ein Phänomen echter, reiner, unmittelbarer, erfahrungsmäßiger Erfassung des Umfassenden ist" (Albrecht, ‚Erkennen', S. 48). Hier ist es freilich, wie gesagt, eine apersonale Erfahrung des Absoluten; aber das vermindert die Sicherheit nicht, sondern verstärkt sie sogar, wie wir noch sehen werden. Das setzt natürlich voraus, daß die Erfahrung in ihrem Kern echt ist. Diese Voraussetzung gilt natürlich in gleicher Weise für die Erfahrungen im christlichen Bereich.

Wir haben schon erwähnt, daß es Truggefährdungen gibt, und zwar in größerem oder geringerem Maße, je nach der Art der Erfahrung. Sehr hoch ist die Gefahr bei Visionen. Das möge durch folgendes Beispiel illustriert werden. „Eine Christusvision kann eine Halluzination sein, etwa ein gesehenes Anschauungsbild, sie kann eine in den krankhaften Bereich hineingehörende Trugwahrnehmung sein, sie kann ein aus der Phantasie und Inbrunst der Betrachtung entstandener Bildgehalt der Schau sein, also ein aus der Selbstsphäre ankommendes metaphorisches Gebilde, sie kann auch ein Archetyp im Sinne C. G. Jungs sein, sie kann grundsätzlich sogar ein Gebilde zeitlich rücklaufenden Hellsehens sein. Sie kann aber

auch ein mystisch eingewirktes Bild, und sie kann endlich ein echtes mystisches Erscheinungsbild sein" (a. a. O. S. 69). ‚Mystisches Erscheinungsbild' soll heißen, daß die Vision unlösbar mit einem erfahrungsmäßigen Wissen von der Präsenz des Umfassenden verbunden ist, so daß das Numen, erlebnismäßig gesehen, sich, in dem Bild erscheinend, kundgibt. Dagegen bedeutet ‚mystisch eingewirktes Bild', daß die Vision die Wirkung einer mystischen Erfahrung ist. Wir haben schon über die verschiedenen Möglichkeiten der Stellungnahme zu Erscheinungen einige Richtlinien gegeben und brauchen hier nicht weiter darauf einzugehen.
Aus der Geschichte der christlichen Mystik sind verschiedene Arten der Gotteserfahrung bekannt, die auch heute noch vorkommen. Dazu gehören z. B. verschiedene Arten von Lichterscheinungen. Es gibt das kosmische Licht, das Licht der Hesychasten und das Licht, von dem Theresia und andere Mystiker berichten: das ‚Licht der Erleuchtung' genannt. Die Bezeichnung ‚kosmisches Licht' und der damit verbundene Ausdruck ‚kosmisches Bewußtsein' sind nicht von der Art der Schau, sondern vom Objekt her genommen. Das kosmische Licht hat die größte Ähnlichkeit mit dem physikalischen Licht (a. a. O. S. 112). Die kosmische Lichtvision ist aber keine mystische Lichtschau (S. 122, These 34). (Genaueres über das kosmische Bewußtsein siehe bei Albrecht, ‚Erkennen', S. 437-49.) Das Licht der Hesychasten ist geschautes Erscheinungsbild des Umfassenden. Es wird auch Taborlicht genannt, seine Schau wird besonders von den eifrigen Vertretern des Jesusgebetes auf dem Athos berichtet. Das Licht der Theresia ist geschaute, formlose, also bildlose Überklarheit im Bewußtseinsraum (S. 112). Von dem Taborlicht wurde schon immer berichtet, daß es sich auch dem Körper mitteilt, der dann selbst strahlt. Freilich sagt man, daß dieses Strahlen nicht von allen Menschen wahrgenommen wird, vielleicht nicht einmal von dem Erlebenden selbst.
Die intuitive mystische Einsicht wurde schon erwähnt. Sie darf aber nicht mit der Schau des Umfassenden oder der göttlichen Wesenheit verwechselt werden, da sie sich

auf Einzelkenntnisse bezieht.
Zu der personalen Mystik ist noch zu sagen, daß es innerhalb des christlichen Bereiches keine mystische Begegnung mit dem Umfassenden gibt, „ohne ein stetiges Gegenwärtighaben" des im Glauben gewonnenen Wissens, daß das begegnende ‚Es' ein ‚Er' ist. Es ist also durchaus berechtigt, die Frage zu stellen, ob das ‚Er' in der mystischen Begegnung erfahren oder sogar erschaut werden kann, oder aber, ob es immer und von jeher eine Denkungs- und Auffassungskategorie ist. Der phänomenologische Umschlagspunkt von der apersonalen zu der personalen Wesensstruktur des Umfassenden liegt gerade da, wo das Er als ein Wahrheitselement des mystischen Präsenten erfahren wird (a. a. O. S. 196). Es ist ohne weiteres einleuchtend, daß Wirkungen wie Einsprachen nur innerhalb der personalen Mystik möglich sind, da sie nur dort einen Urheber haben können. Daraus erklärt sich, daß in einer apersonalen Mystik solche Phänomene von vornherein als unecht abgelehnt werden. Andererseits ist festzuhalten, daß Ansprachen in hohem Maße truggefährdet sind.
Daß die Entbilderung fortschreitend Trug ausschließt, wurde schon wiederholt betont. Sie muß fortschreiten bis zur ‚bildlosen Schau'. Wenn das geschehen ist, gilt: „Das schauende Ich, eingeborgen in der Grundgestimmtheit der Ruhe, umgeben von dem Medium der Überklarheit, ist herausgelöst aus dem Willens- und Denkgefüge des Tagesbewußtseins und ist *kelchhaft geöffnet* für das Ankommen dessen, was es schauen wird. „Das mystische Ich ist demgemäß schauend geöffnet auf das Ankommen des Umfassenden" (a. a. O. S. 200). Die bildlose Schau ist daher „ein Hinschauen in die Dunkelheit, in der nichts erkannt wird, aber gerade in dieser Finsternis ist das, was der Schauende sucht. Darum ist das Schauen ein bedingungsloses Anhaften, ein unvergleichliches, unmittelbares, durch kein Bild gestörtes Anhangen" (a. a. O. S. 208). Noch akzentuierter gesagt: „Dort, wo alles Schaubare aufhört, restlos endet, wo also nur noch die leere Schaustruktur, allerdings in der Höchstform reiner Ausgestaltung, vorhanden ist, dort ist die Nähe des

mystischen Gegenstandes am größten, dort ist der Erkenntnisbezug am echtesten ausgeprägt" (a. a. O. S. 221).

Ist das personale Element in der christlichen Mystik lediglich in einer von jeher eingewurzelten Denkungs- und Auffassungskategorie begründet? Es ist Tatsache, daß eine apersonale Erfahrung des Absoluten bei einem gottesgläubigen Christen selten ist. Wenn es unmöglich wäre, könnte ein Christ niemals eine echte Zen-Erleuchtung, die unzweifelhaft apersonal ist, erleben. Aber das ist unwahrscheinlich und scheint den Tatsachen zu widersprechen. Es gibt doch schon Fälle, wo Christen eine Zen-Erleuchtung erlangten, die von besten Zenmeistern als solche anerkannt wurde. In den meisten Fällen wird ein Christ, wenn er auf dem Wege der Zen-Meditation die Erleuchtung erlangt, es für eine Gotteserfahrung halten. Aber das zur Verfügung stehende Material ist noch zu gering, um im einen oder anderen Sinne endgültige Schlüsse zu erlauben. In den Auseinandersetzungen zwischen christlicher und zen-buddhistischer Mystik wird gelegentlich die Frage aufgeworfen, welche von beiden die letztgültige Erfahrung sei. Der Buddhist urteilt, daß der Christ auf seinem Wege noch nicht bis zu Ende gekommen ist, solange er Gott noch als Person erfährt. Der Christ sagt dagegen, daß der Buddhist noch einen Schritt weitergehen müsse, um zum Letzten, nämlich dem persönlichen Gott zu kommen. C. Albrecht sagt dazu: „Die apersonale Mystik hat, wenn sie den Erlebnisbereich der personalen Mystik nicht als echten Erfahrungsbereich anerkennen will, darzutun, auf Grund welcher Kriterien sie einen solch großen Teil mystischer Wirkungen aus dem Gesamtgefühl ausgliedern will." Von christlicher Seite kann man dagegen zwei Gründe anführen: 1. Der Bereich, welcher als unecht ausgeschieden werden müßte, ist so groß, daß kaum noch etwas übrig bliebe. 2. „Das mystische Werkgefüge und ebenso das mystische Erfahrungsgefüge ist ein Gesamt, dessen sinnvolle Einheit unverkennbar ist. Das Ineinander von nur personal zu verstehenden Momenten mit den auch apersonal zu deutenden ist nicht summenhaft zusammengebracht. Die Einheit ist widerspruchsfrei, ihre Glieder sind lückenlos aufeinander bezogen und tragen sich gegenseitig. Diese Sinnhaftigkeit erschüttert den Erfahrenden. Aus ihr fließt ein evidentes Wissen um die Echtheit. Jede Unterteilung des einheitlichen Werkgefüges erscheint als willkürlicher Akt. Die kritische Frage stellt sich, von der personalen Mystik her gesehen, folgendermaßen: Entweder ist das gesamte Werkgefüge unecht, oder es ist echt. Jede unterteilende, unterschiedliche Bewertung widerspricht den Phänomenen der Einheitlichkeit und eindeutigen Sinnhaftigkeit" (a. a. O. S. 244/5).

Die apersönliche Erfahrung ist doch wohl das Primäre. Albrecht sagt: „In seiner nackten Allgemeinheit gemeint, ohne jede Färbung durch das Wahrheitselement des ‚Wirkens', ist es ein begegnendes ‚Es', dessen Präsenz erfahren ist und von dessen Wesen lediglich gewußt wird, daß es jenseits der Erkennbarkeit liegt. Dieses Wissen fällt mit einer unerschütterlichen Evidenz ein" (a. a. O. S. 240). Von dieser Präsenzerfassung kann man sagen: „In der Präsenzerfassung entfällt demgemäß jede Trugmöglichkeit, die in einer fehlerhaften Erfassung der Wahrheitselemente wurzeln könnte" (a. a. O. S. 293). Das kann man von der personalen Präsenzerfassung nicht so allgemein sagen, erst recht nicht von Visionen und Ansprachen. Es braucht ein Kriterium, um zu wissen, ob sie echt sind. Die christliche Spiritualität ist sich dieser Notwendigkeit stets bewußt gewesen. Daher die große Bedeutung der Unterscheidung der Geister. Die Mystiker selbst haben dieses Kriterium von jeher in den Wirkungen gesehen. Je nachdem, ob das Begegnungsereignis Liebe, Seligkeit und Läuterung brachte, oder ob es Unruhe, Zwiespalt oder gar Triebhaftigkeit zur Folge hatte, glaubten sie, einem mystischen oder nicht mystischen Ereignis begegnet zu sein. Es ist auch wohl verständlich, daß jede unmittelbare Berührung des göttlichen Geistes mit dem menschlichen eine tiefe Freude auslösen muß, oder, je nach der Disposition des einzelnen, Reue und Beschämung. Dies sind unmittelbare innere Merkmale. Es gibt auch äußere Kriterien, nämlich im Verhalten des Menschen, ob das Erlebnis z. B. demütig und hilfsbereit

oder stolz und lieblos macht. Ruysbroeck hat besonders das letztere betont, während er von den inneren Erfahrungen der falschen Mystiker sagte, daß sie denen der echten so ähnlich seien wie zwei Haare auf demselben Haupte, und man daher aus dem Phänomen allein die Echtheit oder Unechtheit nicht ersehen könne. Dagegen hat die Schau des mystischen Lichtes, von dem die christlichen Mystiker sprechen, eine hohe Trugfestigkeit. „Sie ist gegen den Trug gefeit wie kaum eine andere mystische Erfahrungsweise. Hierauf gründet sich die Auffassung, daß das Licht die echteste Erscheinungsgestalt des Umfassenden ist" (a. a. O. S. 297). „Trugfreiheit gibt es nur im apersonalen Bereich der Mystik." „. . .Alle personale Mystik ist also damit belastet, daß sie auf Erfassungsweisen hoher Trug- und Irrtumsgefährdung ruht" (a. a. O. S. 303). Aber Kriterien oder Regeln für diese Unterscheidung genügen nicht, wenn nicht ein ‚Gespür' hinzukommt, das besonders durch die Gabe des Rates gegeben wird. Diese Gabe des Heiligen Geistes ist vor allem auch jenen nötig, die andere zu leiten haben. Im Hintergrund der Verschiedenheit von personaler und apersonaler Mystik ist sowohl die erkenntniskritische als auch die metaphysische Stellungnahme wirksam. Diese Frage hat daher große Bedeutung in dem bereits an vielen Stellen begonnenen Dialog zwischen Christentum und Buddhismus, oder, grundsätzlich gefaßt, zwischen Religionen, die das absolute Sein als personal, und solchen, die es als nicht-personal auffassen.
Damit sind wir zum Ende der mystischen Erfahrung im strengen Sinne gekommen, die, wie gesagt, in der Erfahrung des Umfassenden besteht, sei es nun personal oder apersonal. Es wurden auch einige von den Formen dieser Erfahrung kurz besprochen und auf ihre Trugsicherheit bzw. Gefährdung untersucht. Es gibt nun aber noch ein weites Gebiet von Erfahrungen, die zwar nicht als mystisch im strengen Sinne gelten, sondern sozusagen im Vorfeld der Mystik liegen, aber doch normalerweise einen Zustand fortgeschrittener Versenkung oder gar der Versunkenheit voraussetzen. Sie reichen in etwa schon in die Mystik hinein. Es ist ein Gebiet, bis zu dem viele

kommen, die sich in einer einfachen oder übergegenständlichen Meditation geübt haben. Man kann diese Erfahrungen unter dem Begriff ‚mystisches Spüren' zusammenfassen. Da sie für alle, die sich um das mystische Gebet bemühen, praktische Bedeutung haben, möge auch darüber einiges gesagt werden.

Unter dem Spüren versteht man eine noch undifferenzierte Weise des Erfahrens. Es ist ein erstes ‚Berührtwerden'. Es kann eine Präsenzerfahrung sein, aber der Erfahrende weiß noch nicht, ob es ein echter Gegenstand möglicher Erfahrung oder ein Gehalt seiner Phantasie ist. Es ist ein tastendes Erfassen, das Erlebnis eines allseitig Umgebenseins. Es ist ferner „hochgradig durchflutet von antwortendem Fühlen. Das im einzelnen noch nicht erfaßbare dunkle Ereignis des mystischen Ankommens und Nahebeistehens gründet einen Bezug des Fühlens, in welchem Erwartung, Erregung und Bedrängnis eng zusammenhängen mit dem spezifisch numinösen Gefühlsgehalten. Es ist ein Spüren der Präsenz" (a. a. O. S. 232). Der phänomenologische Kern ist die unanschauliche Bewußtheit von der Anwesenheit des ‚Es'. „Das Spüren ist durchsetzt von wahrnehmungsartigen Erlebnissen" (a. a. O. S. 233), die aber auf die Leibwahrnehmungen beschränkt sind. „Der Leib als Ganzes erscheint als ein Organ der spürenden Wahrnehmung, geöffnet für den durchflutenden Einstrom dessen, was anrückt, antastet und anrührt" (a. a. O. S. 233). Das Spüren ist also ein Erkenntnisbezug - so kann man sagen -, dessen Erfahrungsweisen dem Erfahrenden selber verborgen sind. Der Erkenntniswert ist begreiflicherweise gering. Zusammenfassend können wir über das Spüren sagen: „Das Spüren ist der tragende und speisende Grund, aus welchem die einzelnen Erfahrungsweisen sich erst abhebend herauslösen. Das Spüren ist nicht nur der Grund, aus dem diese herkommen. Es ist auch die alle mystische Einzelerfahrung umhüllende und begleitende Urerfahrung." (Näheres über das Spüren bei Albrecht a. a. O. S. 230 ff.)

Eine weitere Erfahrung, die in diesem Zusammenhang wenigstens kurz erwähnt werden sollte, ist die sogenannte Lenkung. Heute trifft man überraschend oft Men-

schen, die sagen, daß sie in allem von innen her gelenkt würden. Aber es ist nicht anzunehmen, daß es sich bei ihnen durchweg um Menschen handelt, die zu jener höchsten Vollendung gelangt sind, von der sowohl die Mystiker wie die hoch erleuchteten Zenmönche wissen. Jedenfalls ist die Erfahrung der Lenkung von der hellen Klarheit des mystischen Schauens noch mehr entfernt als das besprochene ‚Spüren'. Sie ist für den Erlebenden unverständlich und dunkel, daher beunruhigend und unheimlich. Sie steht einem nicht-mystischen, zwanghaften Tun sehr nahe; daher sucht der Betroffene nach Kriterien für ihre Echtheit. Andererseits gibt es doch auch Menschen, die die Erfahrung machen, daß das Befolgen dieser Lenkung sich immer wieder als richtig erweist. Wenigstens scheint es ihnen so. Immerhin sollte man hier mit Vorsicht vorgehen und nicht zu schnell an eine echte, d. h. mystische Lenkung denken. Anderenfalls tut man leicht Fehltritte und fügt oft auch anderen Schaden zu. Was schon früher erwähnt wurde, gilt auch hier; man sollte niemanden aus seinem inneren Gelenktsein zur Last fallen. (Näheres über die Lenkung bei Albrecht a. a. O. S. 234 ff.)
Zum Abschluß unserer Ausführungen über das mystische Erkennen möchten wir Carl Albrecht noch einmal zu Worte kommen lassen: „Ganz abgesehen von der Fülle des Gesamtereignisses ‚Mystik' gehört zur Sphäre mystischen Erkennens ja schon eine wesensgegebene Verschränkung mit dem mitgebrachten individuellen Wissen. In der christlichen Mystik ist es eine Verschmelzung des mystischen Erfahrungswissens mit dem Glaubenswissen, das aus der Offenbarung stammt. Das restringierte Erkenntnisgebilde gewinnt seine reichhaltige konkrete Fülle sogleich zurück, wenn wir seine Entstehung aus diesen beiden wesensmäßig ihm zugehörigen Quellen vor Augen haben. Auf Grund des mitgebrachten, einfallenden Glaubenswissens wird der Erfassungsvollzug der Präsenz zu dem Ereignis einer personalen Begegnung. Alle von uns in das Randständige abgeschobenen mystisch-gnoseologischen Gebilde gewinnen erneut Bedeutung: nicht nur das Spüren eines Fluidums der Liebe und

einer Aura der Schönheit, nicht nur das Phänomen der ‚Gewirktheit' in der neuen Sicht einer personalen ‚Bewirkung', nicht nur die Lichtschau, nicht nur die Ausdruckserscheinungen mit ihrer Kundgabe der Liebe und Zuwendung, sondern auch die Einsprachen als Anruf und Geheiß. Mystik ist also, von der Sicht einer Erfahrungsrelation aus gesehen, *immer ein doppelter Vollzug: Zu einem kleineren Teile* ihres Phänomenbestandes ist sie ein *echter Erkenntnisakt,* in dem das Umfassende als präsent begegnet. *In ihrem größeren Teil* aber ist sie ein ‚Ergreifen im Glauben', also ein Geschehen, das aus dem *Glaubensvollzug* gespeist wird" (Albrecht, ‚Erkennen', a. a. O. S. 326).

Schlußwort

Wir haben versucht, uns den Verlauf des Geschehens während der Meditation verständlich zu machen. Der Zweck dieser etwas weitausholenden Erklärungen ist jedoch nicht ein theoretischer, sondern ein praktischer. Sie sollen helfen, die Meditation womöglich besser und wirksamer zu vollziehen. Wir sind auf diesem Wege bis zur eigentlichen Mystik vorgestoßen. Das sollte natürlich nicht heißen, daß jeder, der sich ernstlich bemüht, ein Johannes vom Kreuz werden könnte. Dafür gibt es keine Garantie. Andererseits ist es uns klar geworden, daß der Ablauf des Geschehens in der Meditation bis hinein in die Tiefenschichten der Seele etwas durchaus Natürliches ist und für jeden Menschen im Bereich der Möglichkeit liegt, wenn nicht außerordentliche Hindernisse bestehen. Es ist also jedem, der sich ernstlich bemüht, möglich, nicht nur die gegenständliche Meditation, sondern auch die übergegenständliche zu vollziehen. Jeder kann jene Meditation üben, die ihren Gegenstand nicht von außen heranbringt, wie Wasser, das man in einen Wasserbehälter führt, die vielmehr die Quelle zum Fließen bringt, die sich im Grunde eines jeden Menschenherzens befindet und stets frisches Wasser hervorbringt. Freilich muß man, wenn die rechte Zeit gekommen ist, das eigene Denken konsequent einstellen, und man muß immer wieder von ihm ablassen, wenn man sich bei ihm ertappt, und das mit zäher Ausdauer. Es ist dafür ein Durchbruch zu vollziehen, der den Zugang zu den tieferen Seelenschichten öffnet. Wenn das einmal gelungen ist, dann wird es mit der Zeit leichter, in diese Tiefen zu dringen und, falls die Umstände nicht zu ungünstig sind, mit einer gewissen Sicherheit jederzeit ohne längere Vorbereitung dorthin zu gelangen. Damit eröffnet sich dann für den Menschen ein bisher verborgener Schatz, wie jener Schatz im Acker des eigenen Herzens, von dem das Evangelium spricht. Dieser Schatz ist wirklich unerschöpflich; je länger man davon zehrt, desto reicher wird er. Es wächst uns eine Kraft zu, die unabhängig ist von

der Umwelt und ihrem beständigen Wechsel.
Wahres und dauerndes Glück läßt sich nicht durch Zufall und natürliche Veranlagung allein finden. Der Mensch kommt erst durch ernstes und beharrliches Bemühen in den gesicherten Besitz seines Glückes, das er schließlich nur im eigenen Herzen finden kann, im Seelengrund, wie die Mystiker sagen. Dort aber findet er dann nicht nur sein eigenes wahres Selbst, sondern auch dessen Urgrund, in dem allein der Mensch seine Ruhe findet, weil Er der Urgrund ist. Es wird ihm, wie Meister Eckhart sagt, in dem Augenblick, wo er das letzte hingegeben hat, alles zurückgegeben, was er abgegeben hat. Aber er besitzt es dann in einer ganz selbstlosen Weise. Vielleicht würde die Welt schneller eine bessere werden, wenn man den Menschen den Weg zum wahren Glück zeigte, auf dem sie alle mit gutem Willen voranschreiten können. Je mehr Menschen es dazu bringen, wahrhaft, d. h. im tiefsten Herzen glücklich zu sein, um so mehr wird auch die menschliche Gesellschaft als ganze glücklicher und besser. Jeder einzelne kann auf diese Weise zum Glück der Menschheit beitragen. Solche Menschen ‚strahlen', wie man sagt, und tragen schon durch ihr bloßes Dasein dazu bei, andere glücklich zu machen, mehr als jene, die viel von Glück sprechen, aber selbst das Glück, das sie verheißen, nicht ausstrahlen.
Es ist uns wohl klar geworden, daß der seelische Zustand, der normalerweise die Voraussetzung für echte mystische Erfahrungen bildet, ein überklarer, ja der klarste Bewußtseinszustand ist, dessen der Mensch fähig ist. Das ist das Ergebnis der Darstellung des Versunkenheitsbewußtseins und der in ihm möglichen Innenschau. Dabei stimmt der Zustand des Samadhi bzw. Zanmai, zu dem die indischen bzw. buddhistischen Versenkungswege führen, mit dem für die mystischen Erfahrungen im Christentum notwendigen Zustand phänomenologisch überein und besitzt die gleichen Eigenschaften. In manchen Einzelheiten scheint der Versenkungsweg anders zu verlaufen, als es von C. Albrecht für den christlichen Weg beschrieben wird. Aber am Ende kommen beide Wege zusammen. Die Bilder, die im autogenen Training be-

nutzt werden, müssen wieder verschwinden und in die bildlose Schau übergehen; darin trifft sich der christliche Weg mit dem Zen, das von vornherein alle Bilder ablehnt. Auf diese Weise kann auch das Zen eine Hilfe sein auf dem Wege zum mystischen Gebet, eine sehr wirksame Hilfe, da es auch den Körper mit benutzt.

Wir wollten eigentlich einen Zugang zu jenem Ort finden, an dem die ‚Großen Dinge' geschehen, d. h. die mystischen Erfahrungen im christlichen Sinne, die höchsten Erfahrungen in den östlichen Religionen. Einen solchen Ort gibt es wirklich, und diese Dinge sind nicht reiner Zufall oder Glückssache. Es ist ein Ort, ein Bewußtseinszustand, der psychologisch klar und eindeutig bestimmt ist. Die menschliche Natur ist so strukturiert, daß es eine Möglichkeit gibt, zu echten mystischen Erfahrungen zu kommen. Es gibt einen Weg, ja mehrere Wege, die zu diesem Ort führen, Wege, die in wesentlichen Punkten übereinstimmen. Auch das ist beglückend. Trotzdem ist es nicht selbstverständlich, daß in diesem Zustand nun auch gleich die Dinge geschehen, die man erwartet und die dann auch wirklich geschehen könnten. Nach christlicher Auffassung muß nun noch etwas hinzukommen. Wir sind bereitet und bereit, aber was nun weiter geschieht, hängt von der Gnade Gottes ab. Wir sind geöffnet, aber ob nun die Gnade eingegossen wird, darauf können wir nur in demütigem Schweigen warten.

Wenn aber nicht das geschieht, was wir ersehnen, ist die Zeit nicht verloren, sondern in hohem Grade fruchtbar, wie das wiederholt gesagt worden ist. Wir werden immer mehr gereinigt und umgewandelt, Gott ähnlicher und für unsere Mitmenschen wertvoller.

Manchem wird vielleicht beim Lesen des Untertitels ‚Anleitung zum mystischen Gebet' das Bedenken gekommen sein: Kann man denn überhaupt mystisches Gebet lehren? Selbst wenn es bisher nicht möglich wäre, so folgt daraus nicht, daß es für alle Zeiten gilt. Im Gegenteil scheint uns, daß der Mensch in ein Stadium seiner geistigen Entwicklung getreten ist, in dem die Mystik nicht mehr Privileg einiger weniger ist, sondern ein Weg, der jedem offen steht. In diesem Sinne wurde schon zu Beginn gesagt, daß der moderne Mensch die Gotteserfahrung für sein religiöses Leben braucht. In den östlichen Religionen hat man diese Einstellung im Grunde schon immer gehabt. Dort mußte die ‚ewige Wahrheit‘ schon immer erfahrungsmäßig erfaßt werden, und man hat daher seit Jahrtausenden nach Wegen gesucht, die zu dieser Erfahrung führen. Im Westen, im Christentum, wurde uns statt dessen das einzigartige Geschenk der göttlichen Offenbarung zuteil, die in der Heiligen Schrift niedergelegt ist. Bisher konnten wir mit dem unerschütterlichen Glauben an diese Offenbarung auch ohne mystische Erfahrung unser Heil wirken, und es gab nur verhältnismäßig wenige Menschen, denen mystische Gnaden geschenkt wurden.

Aber nun dürfen wir das beglückende Bewußtsein haben, daß es für uns alle möglich und vielleicht nötig ist, die Schätze unseres Glaubens in einer neuen und gewisseren Weise zu besitzen. Wenn der Mensch heute sozusagen als ein neuer Mensch in eine neue geistige Dimension des Denkens eintritt, so ist es doch wohl selbstverständlich, daß sich das auch im Religiösen auswirken muß, und das ist eben gerade das mystische Erkennen oder Denken. Wenn das aber richtig ist, so folgt daraus, daß diese neue religiöse Dimension auch jedem Menschen möglich ist, gleich welchem Berufe er angehört.

Es gibt dann für alle nur eine Bedingung, die dann aber unerläßlich ist und uns wohl bei der Lektüre dieses Buches neu zum Bewußtsein gekommen ist. Es ist das schwerste, was es für den Menschen gibt und was doch jeder Mensch einmal vollziehen muß: der ‚mystische Tod‘, von dem der heilige Bonaventura sagt: „Nur der kann es empfangen, der sprechen kann: ‚Todesbangen hat gewählt meine Seele und Sterben mein Gebein.‘ Wer diesen Tod liebt, der kann Gott schauen; denn unbezweifelt ist es wahr, daß niemand Gott schauen kann und leben.“